葬られた古代王朝
高志国と継体天皇の謎

正弘

宝島社新書

ぬな河のそこなる玉　求めて得まし玉かも
拾ひて得まし玉かも　惜しき君が
老ゆらく惜しも

「沼名河之 底奈流玉 求而 得之玉可毛 拾而
得之玉可毛　安多良思吉 君之 老落惜毛」
（万葉集十三巻3247）

高志国の位置

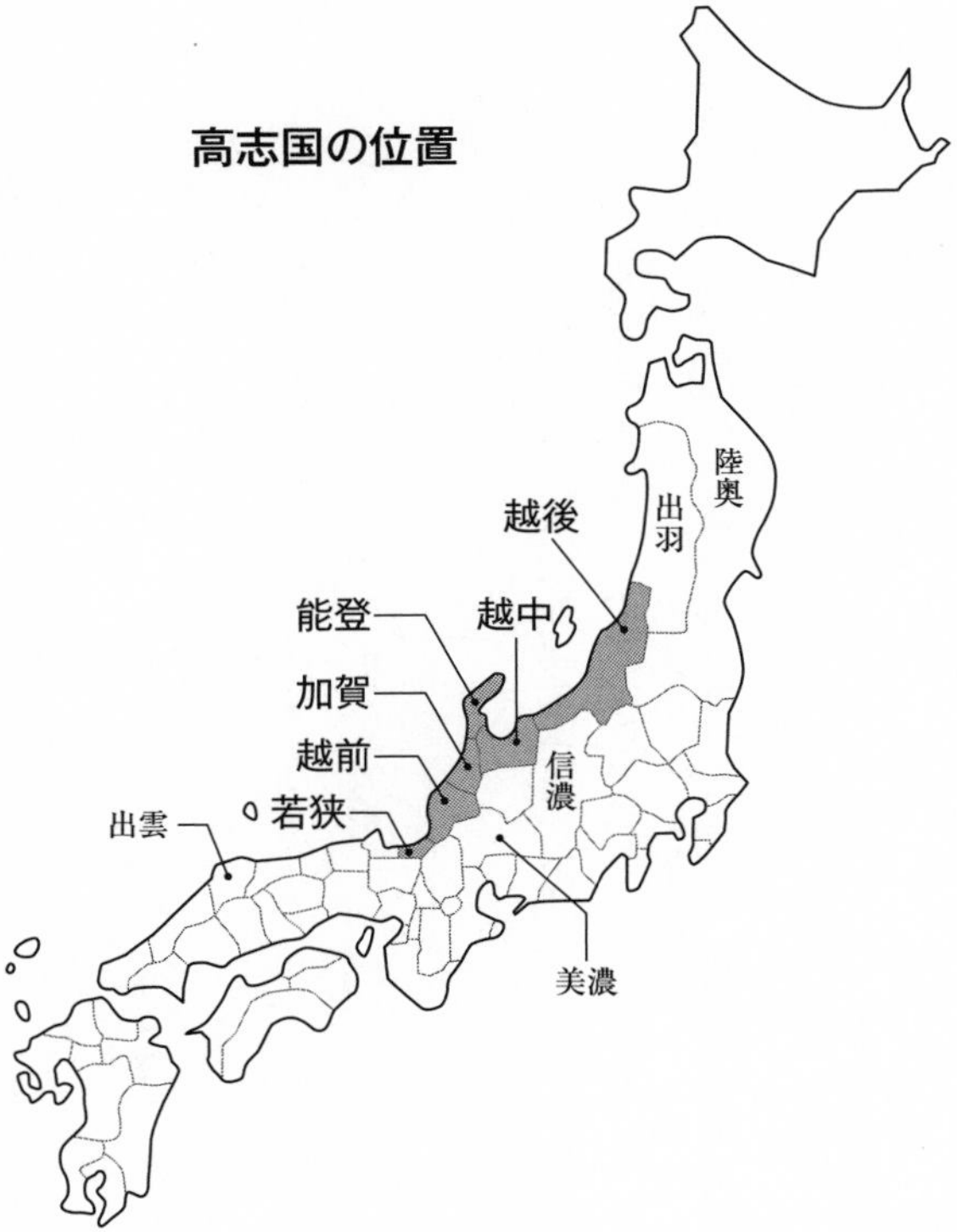

陸奥
出羽
越後
能登
越中
加賀
越前
信濃
若狭
出雲
美濃

プロローグ

高志国はいつごろ何処に？

哀切と悲しみを湛える「高志の女王」

その気高いブロンズ像を見たとき、勃然と立ち尽くした。

なんという哀切な表情、悲しみの涙を隠しつつ運命の分かれ道に立って、手にはしっかりと翡翠《ひすい》の玉を抱え、決然と歩み出す高志国の女王ヌナカワヒメ（奴奈川媛）。彼女のことを『古事記』は「賢し女」「麗し女」と書いている。

この高貴なる女王ヌナカワヒメとは誰？

縄文遺跡の取材行で全国を歩き回っていた筆者は、或る日、新潟県糸魚川駅に降りたった。縄文時代を代表する長者原遺跡とフォッサマグナ・ミュージアムへ向かおうと駅前を歩むと、翡翠会館の前に立つブロンズ像に行き会った。松本清張の短編『万葉翡翠』を学生時代に読んだ記憶が突如甦った。糸魚川から姫川の上流へ翡翠を求めて山行きする考古学研究の学生たちが新潟県頸城《くびき》郡の山岳を登り、さらに上流へ進んで翡翠原石らしき鉱脈を見つける。松本清張だから例によって利権争奪の殺人事件に発展するストーリーだが、『万葉集』に謳われた翡翠を題材にしたのが新鮮で印象強く記憶に残っていた。この作品にも奴奈川姫《ヌナカワヒメ》の神秘が登場する。

ヌナカワヒメは「高志（古志）の女王」と言われた。その幻の「王朝」はいつごろ、何処に存在したのか？

糸魚川駅前に立つヌナカワヒメのブロンズ像

概括的にみれば若狭、越前、加賀、能登、越中、越後、そして出羽の南端の一部が古志の版図である。じつに広域である。大和朝廷が現在の新潟市東区あたりに蝦夷退治のための防御策を設け、それが次第に村上（磐舟柵）から都岐沙羅柵《つきさら》（山形県との県境）、酒田（城輪柵《きのわ》）、大仙（大曲）の払田柵《ほった》、そして秋田柵へと「北上」し続けたのは七世紀。新潟以北は蝦夷征圧の拠点であり、これら柵（城塞）が作られた頃には古志は大和朝廷に服属していた。蝦夷平定の主力部隊は古志国の人々だった。五世紀から六世紀ごろに謎の王朝は大和王朝に包摂された。言葉を換えて言えば、それ以前の古志国は「葬られた王朝」になったのだ。

高校教科書に出てくる湯沢の雄勝柵《おかち》、横手の金沢柵《かねざわ》、盛岡の厨川柵《くりやがわ》、仙台の多賀城などはこの小冊がカバーする時代より二百年ほど後、坂上田村麻呂の蝦夷征伐の時代であり、古志国の範疇外である。

ともかくヌナカワヒメのブロンズ像を見てインスピレーションを得た筆者は濃霧の中を手探りで歩くような古代史の未踏の領域探査を始めた。出雲国に関しては「葬られた王朝」として存分に書かれた。『出雲国風土記』が厳然と残り、雲に聳《そび》えるような出雲大社が存在し、古事記がスサノオとオオクニヌシノミコトを特記しているので、親しみやすい強みがある。日本人なら出雲大社が縁結びの神さまだと知っている。

北九州にあったいわゆる「筑紫王朝」も第二十六代継体天皇の御代《みよ》に起きた、大がかりな「磐井《いわい》の乱」で詳細が浮かびあがった。

最近はニニギノミコトより先に天孫降臨したニギハヤヒにも焦点があたり、神武東征前、近畿に存在した「葛城王朝」の議論も進んだ。蝦夷、熊襲《くまそ》、隼人《はやと》、土蜘蛛などいずれもヤマト王権に歯向かったため歴史から消されたが、痕跡が明瞭に残り歴史的な経緯も知られるようになった。遺跡跡さえない邪馬台国、祀る神社もない卑弥呼という幻像も奇想天外なほど議論された。

邪馬台国が奈良にあったとする説は京都大学系の学者に多く、北九州説は主として東大の歴史学者の主張だが、学閥の陋習《ろうしゅう》いかんともし難い。ボスの顔色を見ながら仕方なく同じ文脈で主張する後輩学者らは本当は信じてはいないのではないか。

大和王朝のヤマトを邪馬台国と『魏志倭人伝』の作者は聞き違えて、卑弥呼も日御子《ひみこ》の音韻をいやしい漢字に充てた。ゆえに歴史論壇では邪馬台国の畿内説（纏向《まきむく》遺跡）が主流になりつつある。しかし邪馬台国論争は古代史の究明にあまり役に立っていない。そもそも外国の文献を過大評価するのは自虐的であり、学問の自由を妨げる障害になっている。かの国に於いて歴史は政治プロパガンダであり、そのうえ『魏志倭人伝』は実見記録というより伝聞の寄せ集め、土地や人名の聞き違いが多い。

ちなみに『神皇正統記』で北畠親房はヤマトを「耶麻土」とし、山跡の意味とする。『後漢書』に「大倭王」は「耶麻堆に居す」とあって、山の意味だとしている。

なお、本書では第十代の崇神天皇の御代までは近畿豪族の連合体が実態であり神武天皇は「共同王」だったという認識から「ヤマト王権」と記す。そして第十代、ハックニシラスミマキイリビコ＝崇神天皇以後、明確に統一国家を目指すことになるのだから「大和王朝」と記すことを最初にお断りしておきたい。また高志の表記についても古志（『古事記』）、越（『日本書紀』）と三通りあるので便宜的に使い分けている。

ともかく古代の「地域王権」が北陸地方に存在した。豪族たちの緩やかな連合体だったと想像され、強い連帯の絆で結ばれた政治同盟ではなかった。版図が広域すぎるうえ、峻嶮な山々が多く、全域をカバーするほど強烈な求心力を持った有力豪族がでなかったからだ。これが「葬られた王朝」＝高志国の実態、このミステリーの謎解きに挑むのが本書の目的である。

いまも残る高志国の名前

高志国（越、古志）は若狭、越前、加賀、能登、越中、越後、それに阿倍比羅夫《あべのひらぶ》の粛慎《みしはせ》退治と蝦夷制圧に乗り出してからは庄内の南部を加えた。漠然とした地域空間が拡がり、各地に豪族が群雄割拠していた。しかし政治的軍事的に同盟した中核組織が不在だった。

新潟県糸魚川市の海望公園にある奴奈川姫（沼河比売）と建御名方命（建御名方神）の像

高志のシンボルは女王ヌナカワヒメ（奴奈川媛）、シャーマン的な存在だったと想像される。

旧糸魚川市役所の跡地「海望公園」には別のブロンズ像（藤巻信樹・制作）があり、姫が幼子のタケミナカタノミコト（建御名方命）を庇いながら虚空を漫然と見つめている。哀愁の表情と無垢の幼子は日本海特有の激しい自然と美しさを湛える。

日本海文明の中核だった高志国は武力に秀でた出雲に飲み込まれた。出雲からやってきたオオクニヌシノミコト（八千矛《やちほこ》）と政略結婚しなければヌナカワヒメは高志国を守れなかった悲運を暗示する。

オオクニヌシノミコトとの間に生まれたタケミナカタ（後の諏訪大社の主神）は母親にすがるような格好で、愁いをたたえた表情である。寂寞としたブロンズ像を眺めていると悲しみが込み上げてくる。これが史実かどうかなどと合理主義的な科学の心構え、そうした懐疑心で眺めると歴史の奥の奥に潜む神話の意味を咀嚼《そしゃく》することは難しい。千数百年前から地元では語られ続けてきたのである。

当時の高志国は日本海の海運が発達した恩恵で縄文時代から弥生時代にかけての高度な文明地域だった。出雲と並んで発展していた。現代日本の状況とは逆さまだった。

なぜ日本海沿岸のほうが水上交通が発展したのかと言えば、海の干満の差である。砂嘴《さし》、沙州は潮の干満さが低く、波浪が強い海岸に形成され、特有の潟を形成する。石川県の河北潟、島根県の宍道《しんじ》湖、新潟市は「潟」が平野になってからの命名だ。潮差が50センチ以下が稚内から島根県までの日本海沿岸だから、丸木舟の改良型や中型の運搬船でも頻繁に往来が可能だった。

逆に干満さが激しい太平洋沿岸、とくに関東から九州にかけて潮差は1・2メートル。対馬海流を目の前にする博多で平均1・6メートル。瀬戸内海も干満差が大きいので潮流が速く、船団は満潮を待って出港する。

直近の例を挙げると、令和三年八月の台風十号のとき、太平洋側の波の高さは最大6メートル。一方、日本海側は最大でも2メートルだった。

瀬戸内海でさえ神武東征で珍彦《うずひこ》を名乗った国津神が水先案内をしたと書かれているように、あるいは大坂は難波と呼ばれたのも海の難所だったからだ。潮流と干満差を熟知したのが村上水軍などの海賊だった。

古志国は糸魚川の翡翠など海運による交易で栄え、海流の関係で出雲文化圏との交流が活発だった。皇統の璽《しるし》である「三種の神器」のひとつ、勾玉《まがたま》は高志の翡翠で造られた。出雲でも三内丸山遺跡からも糸魚川の翡翠が出土している。つまり数千年前から日本海沿岸には文明が確立されており、濃密な交易ルートがあった。古来から伝承に基づくお祭りが各地に残り、言い伝えが現地で長く語られてきた。

それゆえ今日の北陸各地に高志の名前を冠した地名、団体名、ブランドだけでも次のようである。

古事記に出てくる高志は別名「古志」、『日本書紀』では「越」の表記が多い。新潟地震で壊滅的な被害を受けたのは錦鯉と牛の角突き大会でも有名な「山古志村」（長岡市に編

福井市内にある高志高等学校と高志中学

富山市にある高志国の文学館

入後も古志小・中学校は残る）。江戸時代に栄えた「越後屋」はいまの三越で呉服商が出発だった。名酒は「越乃寒梅」。日本一美味とされる米は「コシヒカリ」。福井市にも「高志中学・高校」がある。富山の名物は「紅高志蟹」、文学館は「高志国の文学館」。金沢には「丸越」デパートがある。

これらに加えて、高志国の地域で発掘された縄文・弥生遺跡の夥《おびただ》しさを特筆すべきだが、石器時代の遺跡も多い。古墳も相当数がある。銅鐸も出土した。

海洋航海技術に優れた遣隋使、遣唐使に併行して、大和朝廷の「遣渤海使《けんぼっかいし》」が盛んに日本海を往復した。その前には高句麗からの使節がやはり日本海沿岸のどこかに着岸した。渤海国は現在の北朝鮮北東部（高句麗）から中国遼寧省、吉林省の一部とロシアの沿海州を統治していた。日本海を直線で南下すると高志か、出雲のどこかの海岸に直航できた。したがって日本海側のほうが古代文明において太平洋沿岸地帯より遥かに先進地域だった。「古代ヤポネシアは日本の表《おもて》通り」（三浦佑之）だった。

日本海沿岸が縄文時代から弥生前期にかけて日本の「表玄関」だった。それは世界地図を日本を中心にして逆さまにすると、手に取るように理解できる。

北陸から出雲へ至る地域は「裏日本」ではなかった。東京、名古屋、京都、大阪並みの諸都市が日本海側にあったと考えればよい。

河川が豊かな上、河と海の魚介類の収穫があり、当時の気候は温暖だったので穀物栽培も豊饒だった。これらの事実は各地の縄文、弥生遺跡の出土品から判定できる。

拙著『神武天皇「以前」』(育鵬社)で指摘したように縄文時代の人々は段丘に大規模な集落を造成し、栗などを栽培し、狩猟ばかりか、麻縄で編んだポシェットや漁網が発見されたようにかなり高度な漁業技術ならびに近海を航行する中型船の造船技術があった。また医学学的に通用する薬草の活用が見られる。これまでの古代研究書で、この医薬、薬草にも言及した論文、著作は極少数である。♪「越中とやまの薬屋さん」「越後の毒消し、いらんかね」……。

高志国の玄関口＝若狭の鳥浜貝塚から出土した麻縄は歴史の常識を変えた。若狭から琵琶湖をわたり淀川水系というルートは中世では信長の逃亡ルート、あるいは近世になると新鮮な魚介類を京へ運ぶ鯖《さば》街道が拓けた。山辺の道と並ぶほどに旧いルートだった。

鳥浜貝塚において考古学を画期した発見は、日本海側のおよそ400もの縄文遺跡並びに貝塚から所謂《いわゆる》「麻縄」(その後、植物学者の研究でリョーメンシダと分析された)の破片がみつかったことだ。麻の実は食糧に、全草は薬草に、そして茎が繊維となった。縄文ポシェットは麻縄で編まれた。現代のポシェットとデザイン的には遜色のない縄文ポシェットは三内丸山遺跡からも出土した。

大麻繊維はヘンプと呼称されるが、古代神道では「ぬさ」と呼ばれ、大嘗祭や伊勢神宮の神事で神に捧げられた。令和の御代、今上陛下の大嘗祭に奉納された。

なぜ日本海沿岸なのか

世界でもっとも古い土器は1万6500年前（青森県大平山元《おおだいやまもと》遺跡で1999年に出土）、三内丸山遺跡は5500年前、そして国宝に指定された縄文土偶のなかでも合掌土偶は青森県是川、中空土偶は北海道函館近郊から、長身の立像土偶は山形県から。岡本太郎が感動に身を震わせた火焔土器は新潟県長岡、ヴィーナス土偶と仮面土偶は信濃で発見された。同時代の近畿地方から西日本にかけて縄文遺跡が少ないことと比較すれば、縄文期の文明先進地域は北海道、東北から北陸、甲信越、出雲という「日本海文明圏」にあったことは歴然としている。

現代人にこの認識が薄いのは『日本書紀』の大和朝廷史観が優位にあるからだ。文字を使った記録が歴史であるとすれば高志国の歴史を伝える文献はほとんどない。ゆえに歴史学者は顧みなかった。最近になって夥しい木簡、竹簡が出土し、文書記録を代替する研究がようやく進んでいる。

信濃の茅野あたりが特産の黒曜石も高志国に運ばれ、海運で全国にもたらされた。翡翠は糸魚川が産地だが三内丸山にも出雲にも運ばれ、島根県の玉造でも加工されていた。

出雲の象徴は銅鐸と四隅突出型古墳だが、集中的に銅鐸が出土したのは出雲から越前までの地域である。この分布地図だけをみても、ヤマト王権のスタイルとは異なっている。弥生から古墳時代になると、高志でも前方後円墳が見られるが、関東の山梨から群馬に拡がる古墳のスタイルとは異なる。

出雲は神話の題材が豊饒である。『古事記』に加えて『出雲国風土記』の解析が進み、古代に地域的なオオクニヌシノミコトによる王権があった事実は動かぬものとなった。

ところが高志国は古事記に「高志の八俣の大蛇」「古志の矢口」とだけ書かれ、『出雲国風土記』にも四ケ所、古志の地名が出雲に残ることを記するのみである。

『出雲国風土記』が描くように、現在も島根県に古志という地名が残る。高志からの移住者がしばしば出雲に残っていた事実は『出雲国風土記』の次の四箇所である（引用はいずれも角川ソフィア文庫『風土記』、中村敬信監修）。

「高志の都都の三崎を、国の余り有りやとみれば……」（国引きの逸話。「都都」は能登の珠洲ではないかと言われる）

「島根郡」の美保郷の条にはこうある。

「美保郷、郡家の正東二十七里一百六十四歩。天の下所造《つく》らしし大神命《おおかみのみこと》、高志《こし》国に坐す神、意支都久辰為命《おきつくしいのみこと》の子、俾都久辰為命《へつくしいのみこと》の子、奴奈宣波比売命《ぬながはひめのみこと》に娶《あ》ひて、産まし令《し》めし神、御穂須々美命《みほすすみのみこと》、是の神坐す。故《かれ》、美保といひき」

出雲に古志人の集落があったと銘記されているのは次の個所だ。

「古志の郷。すなわち郡家に属く。イザナギ尊の時に、日渕川を以て池を築造りき。尓《そ》の時、古志の国人等、到来りて堤を為り、すなわち宿居りし所なり。故、古志と云ふ」

「狭結《さゆふ》の駅。郡家と同じき処なり。古志の国の佐与布《さよふ》といふ人、来居みき。故、最邑《さいふ》と云ふ。神亀三年、字を狭結と改む。其の来居みし所以は、説くこと古志の郷のごとし」


浪漫派の作家で歌人でもあった蓮田善明は、

「故郷の駅に降り立ち眺めたる　かの薄紅葉　忘らえなくに」

と故郷への郷愁を詠んだ。

筆者の故郷もこの高志国の一部だった金沢である。妻は新潟の頸城郡松之山（十日町市に編入）。親戚一同は越中、越後から越前に散らばるから、まさに古志連合一家かも知れない。

故郷の懐かしさもあって高志国の旅に出ることにした。

古代史の最大のミステリーに挑むため実地探検を兼ねた取材を重ねた。

目次

高志国の位置　4

プロローグ　高志国はいつごろ何処に？　5

哀切と悲しみを湛える「高志の女王」　5
いまも残る高志国の名前　9
なぜ日本海沿岸なのか　16
天皇系図　26

第一章　古事記、日本書紀はどう書いたか　27

『日本書紀』の国産み項の冒頭に「越州」　28
継体天皇まで歴史的に長い空白の古志　32

大和朝廷は高志国を無視したかった 37
居多神社にあるオオクニヌシノミコトたちの像 41
出雲、高志、信濃は親戚関係にあった 46
なぜ加賀と能登に「越」はつかないのか 49
航海ルートは日本海側が主流。「遣渤海使」は遣唐使に匹敵した 53
繊維産業の源流 60
古来、ご神体だった弥彦山 63
公文書館がなかった 67

第二章 ヌナカワヒメ伝説を追う

73
オオクニヌシノミコトの求婚の意味 74
出雲と古志のヌナカワヒメ伝説の差異 78
あの凄絶なほどに哀切な表情はなぜ? 83
「古志の八口」はどこ? 87
郷土史家らは生誕地探訪にでた 91

方言に共通点がある高志と出雲 95
仏教以前と以後 97
芭蕉が辿った古志の路 101

第三章 継体天皇は高志の大王だった 105

継体天皇の謎 106
継体天皇の足跡を歩いてみた 111
継体天皇を支えた大伴、物部氏たち 117
中世の史家はちゃんと理解していた 119
淀川水系の要衝を移動した継体天皇の宮 123
足羽山の山頂に聳える石像 127
『福井県史』に書かれた継体天皇の出自 129
雄略天皇の後継も一代で絶えた 133
戦後歴史学の欠陥 135
筑紫君磐井の反乱とは 140

第四章　かくして古志国の歴史は埋もれた

葬られた背景には何があったか?　143
日本海側は縄文人の天下だった　144
医薬に通じたシャーマンが古代の王　148
製鉄と木材建築の技術　152
巨木の建築技術も縄文時代からである　157
蝦夷と古志は同じ縄文人でも民俗、風習、文化が異なっていた　159
阿倍比羅夫が英雄だった　162
高志国の薬剤師たち　167
様々な「和薬」　171
越後の毒消し、いらんかね　174
コラム　東北の蝦夷対策の城柵を訪ねて　178
磐船柵から城輪柵へ　178

出羽柵から払田柵へ 183
志波城柵から徳丹柵へ 186
胆沢城から多賀城へ 189

第五章　伝説の現場に立ってみた 193

越後、越中、越前の国分け 194
産油地帯だった越後、金座の佐渡 199
越前観光の売りは恐竜 202
能登の真脇縄文集落は四千年も続いた 207
加賀より栄えていた能登 209
越中は大境洞窟に新石器時代の遺物 212
海洋航路 216

第六章　北陸各地の伝承を追って 221

死者をいかに弔っていたか 222
測定器はなくとも地勢を判断できた 225
奈良盆地は湖だった 228
巨木レプリカが立つ真脇遺跡とチカモリ遺跡 231
古い神社から浮かび上がる高志国の実像 235
越後の主神はオオクニヌシノミコト 239
エピローグ　余滴 244
古志国は繁栄した先進地域だったのだ 244
古志国に関しての年表 248
著者プロフィール 252

天皇系図

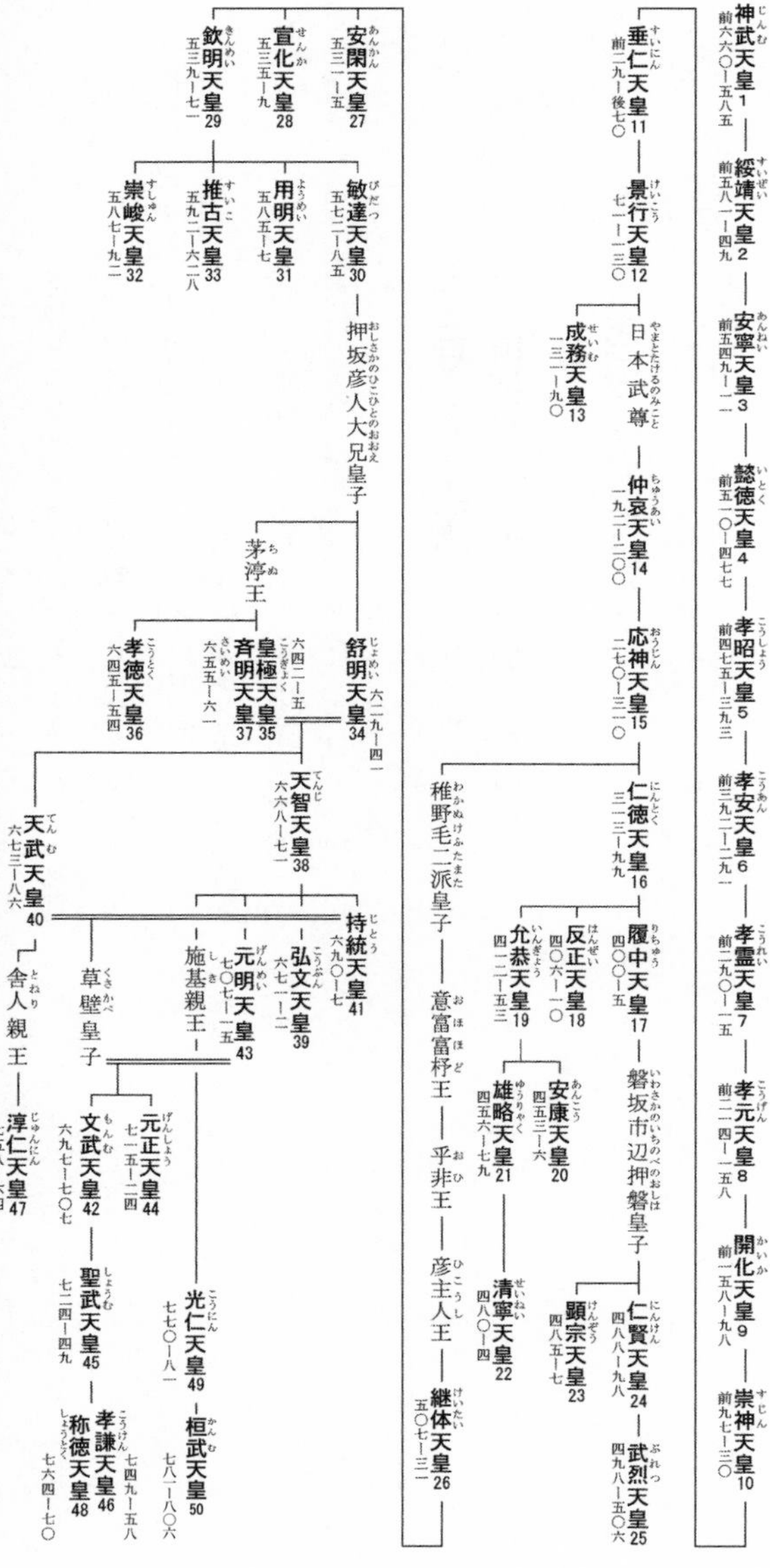

傍の数字は在位年、下の数字は代数。記載は原則として皇統譜に基づく。

第一章　古事記、日本書紀はどう書いたか

『日本書紀』の国産み項の冒頭に「越州」

『日本書紀』の冒頭、国産みはオノゴロ嶋から始まって、「佐渡と隠岐」の双子を産んだあと、「越州《こしのしま》」を産んだとある。この「越」が高志国である。『古事記』には越州誕生の話はない。

つぎに記紀に登場する古志は、第十代崇神天皇の北陸路を含む四道将軍の派遣、『常陸国風土記』にはヤマトタケルが東征の帰路、部下を古志の偵察に出したという記録。

さらに『日本書紀』では崇峻天皇二年（589）、阿倍臣が古志視察に派遣されたとあって、こう書かれている。

「二年の秋七月の壬辰の朔日に、近江臣満を東山道の使に遣はして、蝦夷の国の境を観しむ。宍人臣雁を東海道に使して、東の方の海に浜へる諸国の境を観しむ。阿倍臣を北陸道の使に遣して、越等の諸国を観しむ」（岩波文庫版『日本書紀』第四巻、76頁）

この高志国がいつの間にか歴史から消えてしまった。

第一に『高志国風土記』がないからである。歴史学者は文献第一主義だから伝承や遺跡だけでは証拠が薄いと敬遠するテーマなのだ。

乙巳《いっし》の変（大化元年＝645）で蘇我入鹿が粛清されると、父親の蘇我蝦夷は自邸に火を放って『天皇記』『国記』もろとも焼却し自害した。貴重な文献が失われた。ひょっとして『高志国風土記』は完成していたが焼失したのかも知れない。風土記は『出雲国風土記』だけが完全に近いかたちで残るものの播磨、常陸、肥前などの風土記は逸文だけ。

考古学的な証拠品は糸魚川の長者原遺跡、長岡の馬高遺跡などが夥しく発見されているにもかかわらず、日本の歴史学は狭量な学閥支配が強いために考古学との関連性を位置づけたがらない。怠慢なのか、資料がなさ過ぎるのか。いや、学閥の沽券《こけん》にかかわるからかも知れない。しかし後世の歴史書の逸文や大伴家持の残した万葉の歌、あるいは時代が大きく下って江戸時代の松尾芭蕉の『奥の細道』でも、古志にまつわる伝承がでてくるのである。そのうえ各地で発見されたのが古文書を代替する漆紙文書と木簡だ。たとえば長屋王の屋敷跡から出土した夥しい木簡には、古志からの貢ぎ物が記されていた。

第二に出雲と高志国が政治的に連合したためヤマト王権の脅威と認識したからだろう。

オオクニヌシノミコトは高志の女王とされたヌナカワヒメの評判を聞きつけ后のひとりにした。この結婚は『古事記』にかなり長い恋歌とともに明記されている。二人の政略結婚とは、出雲が高志国と同盟したという意味である。ヌノカワヒメとオオクニヌシノミコトとの結婚を美しき恋物語として『古事記』は勇壮に描いた。実質は戦略的な背景があった。

オオクニヌシノミコトは恋の歌を詠んだ。ヌノカワヒメも歌で返した。ここは『古事記』の圧巻、名場面である。このときのオオクニヌシノミコトは八千矛《やちほこ》と名乗った（全文と現代語訳は74頁）。

第三に高志国が記紀に本格登場するのは崇神天皇の四道将軍派遣で、北陸道に大彦命《オオビコノミコト》を遣わしたとある。古志の人々が抵抗したとは書かれていない。そのまま新潟あたりまですんなり進軍し、会津へと折れて別軍と合流した。四将軍のうち古志派遣軍と、東北蝦夷へ向かった別働隊が、会津（相津）で合流した記述を最初は疑わしいと思った。新潟県新津（現在は新潟市に編入）と会津とはJR磐梯西線が繋《つな》がっており、奥会津と新潟が兄弟のように近いことは知っていたが（幕末、長岡藩の河井継之助は会津をたよって奥只見まで逃げた）、峻嶮な山を越えたのは近代になって鉄道が通ってからのことだろうと勝手に推測していた。

現場へ行くと、まったく想像とは異なって、河川による交通路が古代から活用されていた。現在の福島県耶麻郡西会津町は、古来より高志から、或いは関東から、そして北方の出羽、陸奥からの交通路が開かれていたため三つの文化圏が重なった。

会津地方の多くの河川は、この西会津で合流し、阿賀野川となる。これが新潟へ注ぎ込む。河川を利用して古代より人々と物資の行き来があった。それは南会津町の寺前遺跡から信濃系の土器が出土し、或いは長岡の馬高遺跡から出た火焔土器とはスタイルの異なった鶏頭冠突起型の土器も出土している。こうした事実から会津地方も古志の文化影響圏にあって、崇神天皇の御代からすでに交流が活発だったことが偲べる。したがって大毘古命(大彦命)らの会津での合流は可能だったのだ。

ちなみに伊佐須美神社(福島県大沼郡会津美里町)の主祭神は伊弉諾《イザナギ》尊、伊弉冉《イザナミ》尊にくわえ四道将軍の筆頭だった大毘古命と会津で合流した建沼河別命である。ただし幕末に大彦命・武渟川別命の合祀が唱えられ、四柱を祀ることになった経緯がある。この神社は岩代国一之宮であり、崇神天皇の御代に創紀されたという伝承がある。会津では古墳時代前期に前方後円墳が築造されており、大和朝廷の伸長ぶりが窺える。

八千矛の恋物語から四道将軍派遣まではまるっきり高志国の歴史は空白である。また四道将軍の古志国派遣にしても軍事制圧とは書かれていない。おそらく偵察程度だったのではないか。

なぜならその数十年後、『日本書紀』に崇神天皇のひ孫にあたるヤマトタケルが常陸平定の帰路、古志の偵察に吉備武彦を派遣したと記されているからだ。先々代の崇神天皇が四将軍を派遣し服属させたことと矛盾している。もし大彦命がすでに高志国を制圧していたのなら改めて「偵察」させる意味はない。現地からの報告を待てばよいのである。

ということは古志国偵察は表面をなぞっただけの行為だが、詳細をまったく記述せずに、古志の存在を薄くする工夫がなされている。

継体天皇まで歴史的に長い空白の古志

つぎに史書が特筆するのは第二十六代の継体天皇である。そのときまで随分と空白が長い。

このときはヤマト王権は政治体制を構築し、統一をめざす大和朝廷として飛躍的に権力を拡大させて中央政府らしき政治実態が成立していた。継体天皇は越前から都へ上ったという文脈で「古志の大王」として登場する。つまり高志の「越前の大王」が大和朝廷の天皇（すめろぎ）となったのだ。これは歴史上、もっと注目されてよい。大和朝廷の主役（すなわち天皇）は、歴史に埋もれていた古志からやって来たのだ。継体天皇に関しては第3章で詳細に検討する。

ついで崇峻天皇二年（589）の阿倍臣の偵察派遣、その次が斉明天皇4年（658）7月、蝦夷征伐の遠征軍が組織され、将軍に阿倍比羅夫《あべのひらふ》が任じられたことが『日本書紀』にある。手塚治虫の『火の鳥』のモデルにもなった阿倍比羅夫は大彦命の末裔とされ、朝廷陪臣のトップにあって軍を統率する一方で、阿倍一族からは高級役人も輩出した。のちの阿倍仲麻呂は、この一族の出身である。一説に比羅夫の孫ともいわれる仲麻呂は「ふりさけみれば春日なる」でも知られる有名な歌人にして唐へ留学し、皇帝側近となった。

我が国はこの頃までに統一国家のかたちが出来て大和朝廷の権威が北陸道に及び、国造《くにのみやつこ》がおかれ、国司が派遣された。もしくは地元の豪族を国司ないしは国造に任じた。国造は地方の行政機構トップで軍事権と裁判権をもっていた。出雲、吉備、東海などに設置されたが、地域によっては名誉職、もしくは飾りだった可能性が強く、現にヤマトタケルを焼津で火攻めにしたのも駿河の国造だった。

大化の改新以後は、国造が当該地方の守護神を護る神様の神主的存在となり、代わって国司が「県知事」の役目を果たした。

阿倍比羅夫は朝廷から「越国守」に任命された。中央では古来からの豪族で、大和朝廷の左大臣だった阿倍内麻呂の死後、阿倍宗家は一時期退潮するが、阿倍比羅夫が急速に台頭し、武に優れて武勲著しく蝦夷制圧に貢献した。とくに斉明天皇四年（６５８）に百八十隻の水軍を率いて、古志を経て北方の秋田から淳代《ぬしろ》に攻め入って蝦夷を降伏させ、服属を誓った飽田蝦夷《あきたえみし》の恩荷《おが》に小乙上を授け、淳代と津軽二郡の郡領を設置した。

さらには北海道南部の渡嶋《おしま》の蝦夷を集め、大和へ連れ帰り、大歓迎の宴会も開催して撫柔した。この時期、事実上のまつりごとを斉明天皇の背後から動かしていたのは中大兄皇子（天智天皇）だった。

三回目の蝦夷遠征で阿倍比羅夫は佐渡と北海道を拠点としていた粛慎《みしはせ》。（「あしはせ」とも呼ぶ）を討ち、熊二頭、ヒグマの皮七十枚を献じたという。翌年にも蝦夷四百人余を集めて饗応して禄を与えた。粛慎を討つ際には陸奥と渡嶋の蝦夷を駆使した。用兵に優れた能力を発揮し、大船団は伏木港、七尾港あたりに集め、阿賀野川の前衛の柵を超えて津軽へ向かったと想像される。

ならば粛慎人とは何者か？　『日本書紀』の欽明天皇の項に曰く。

「十二月に、越国言さく。『佐渡嶋に北の御名部の崎岸に、粛慎人有りて一船舶に乗りて留まる。春夏捕魚《すなどり》して食に充つ。彼の嶋の人、人に非ずと申す。また鬼魅《おに》なりと言して、敢えて近つかず。嶋の東の禹武邑《うむのさと》の人、椎子を採拾ひて熟し喫まむと為欲ふ。灰の裏に着きていりつ。其の皮甲、二の人に化成りて、火の上に飛び上がること一尺余許。（中略）『この邑の人、必ず鬼魅の為に迷惑はされむ』といふ。久に有らずして言ふことの如く、其れ抄掠めらる。是に、粛慎人、瀬波河浦《せなかわのうら》に移り就く。浦の神厳《はや》忌し。人敢えて近付かず。渇えて其の水を飲みて、死ぬる者半に且《なんなんと》す。骨、巌岬に積みたり。俗《くにひと》、粛慎隈と呼ふ』」

（岩波文庫『日本書紀』、第三巻284頁）

これらの事実から鮮明に浮かぶのは、出羽以南の古志国は七世紀には大和朝廷の施政下に組み込まれていたという事実である。

大和朝廷にまつろわぬ蝦夷は、出羽以北から陸奥でも多賀城より北の豪族たちだった。

象徴が「古代のゲバラ」こと蝦夷の反乱を率いたアテルイである。後世、三十八年戦争を引き起こし、坂上田村麻呂の遠征まで待たなければならないが、それらは古志の範疇を逸脱していてこの小冊がカバーする時代ではない。

天智天皇の即位前年（661）に阿倍比羅夫は将軍に出世し、前将軍安曇比邏夫《あずみのひらふ》らと百済救援のための物資、武器を運搬・搬入し朝鮮半島における兵站《へいたん》基地とした。まさに八面六臂で北海道から百済まで、あちこちの戦場を飛び歩いたことになる。

わさびで有名なのは長野県安曇野だ。安曇比羅夫が白村江の戦いで戦死したため安曇族は、その後、分散した。多くが水軍の拠点から信濃へ移住したとされ、安曇野市の穂高神社の主神は安曇比羅夫命である。ちなみに同神社の「御船祭り」は9月27日。安曇比羅夫の命日である。

阿倍比羅夫のほうは天智二年（663）に前将軍・上毛野君稚子《かみつけのきみわかこ》らとともに後将軍として二万七千人の兵を率いて新羅を討った。しかし白村江において予期せぬ敗戦となった。阿倍比羅夫は斉明天皇の御代に大錦上（元帥に匹敵か）、筑紫大宰帥の地位にあった。つまり防衛の最高責任者に抜擢されたのである。歴戦の兵として英雄視されていたことを意味する。比羅夫の子には大納言となった阿倍宿奈麻呂がある。

それまでの高志国に関して、いかなる歴史があったのかは謎のままである。この空白を補う明確な記録のひとつは、後章に詳述する遣唐使に併行した遣渤海使、そして高句麗からの使節団の来航、ならびに渤海から二十回以上に及んだ「非公式使節団」の来航記録にあらわれた古志における様相である。

大和朝廷は高志国を無視したかった

第四に高志国を記録することに大和朝廷は積極的でなかったという理由がある。八世紀に成立する『古事記』、『日本書紀』の前の時代に大和朝廷から越前、越中、越後に国司が派遣されていた。国司とは県知事に匹敵するわけだから、中央集権的な国家システムが及んでいたことになり、それまでにおきた「不都合な真実」を『日本書紀』はあまり触れないように配慮したのだ。

縄文時代から集落には長《おさ》があって、付近の集落を包摂すれば当該地域の「王」となり、統治する領域がもっと拡大していくと、王の中の王が「大王」（第二十一代の雄略天皇あたりから）となる。そして「大君」と大和朝廷のトップは呼ばれた。「天皇」という称号は七世紀の終盤、公式文書では八世紀初頭からである。

有名な歌人、「海ゆかば」でも知られる大伴家持が古志国のなかの越前伏木《ふしき》に置かれた国府に駐在した史実は動かせない。なにしろ「海ゆかば」の歌詞に「大君の辺にこそ死なめ」の一節がある。恋闕《れんけつ》の情念、そうした認識（天皇のために死ぬという美意識）がこの時代には固定化しつつあったということだろう。

越中伏木の国府に五年間をすごした大伴家持が現地で詠んだ和歌で、有名なのは、

うらうらに　照れる春日に　雲雀《ひばり》あがり　こころ悲しも　独りしおもへば

春の陽光なのに逆に心は暗いと詠む感傷、家持の鬱勃とした心情を表した。この後、家持は因幡守に左遷された。国司が交替したという意味は大和朝廷の統治システムが高志国から出雲にかけて及んでいた歴史実態を明かしている。

ほかに家持の歌には、

「葦原の　瑞穂の国を　天降り　領《し》らしめしける　天皇の　神の命の　御代重ね」

「天照らす　神の御代より　安の川　中に隔てて　向い立ち　袖振りかわし」

と詠んだものがあり（「葦原の瑞穂の国」は『古事記』が表現した我が国のこと）、記紀

神話が基本的な教養だった。

越前国司には、渤海語や漢詩文に堪能な官人がとくに配されていた。越中に定住した渤海官人（すなわち亡命者）から渤海語を学んだようである。また渤海使は宣明暦を持ち込んだので、日本の官暦となって貞享元年（１６８４）まで用いられた。

渤海使が大和朝廷に献上したものには毛皮が多く、とくに豹、ヒグマ、虎、熊の皮革品。貂《てん》皮３００張を聖武天皇に献上した記録がある。交易センターは長屋王邸で、木簡の出土で、このことは判明した。ほかにニンジン、蜂蜜も含まれていた。

日本からは綿、絁《あしぎぬ》、糸などの繊維加工品ならびに黄金、水銀、椿油などであった。結局、日本海を航海してきた渤海使は合計２５００名を超えたが、知識人が多かったという特徴がある。しかも日本への亡命が多数発生した。

なお、記紀がまったく伝えないのは新羅からの使節だ。夥しい人数が何回も何回も凄まじい量の土産を持参して日本に朝貢している。この事実は本書のテーマではないので、指摘するだけに留める。

大伴家持が国司としての赴任地は伏木だった（現在、富山県高岡市に編入）。

伏木のあちこちにある大伴家持の像

伏木の気多神社は歌人の参拝が多い

実際に伏木に行って、その地勢を見ると海を見下ろす高台に国府跡、駅から緩やかに登る坂道は「旧国府通り」と名づけられ、大伴家持の像があちこちにある。国府跡は現在の勝興寺付近から薬師堂跡と推定され、土器や土師の工房跡などが出土している。

気多神社はそこからさらに高台へ十五分ほど歩くが、境内社が大伴神社である。大伴家持の国司赴任は天平十八年（746）だから乙巳の変（645）から約百年後だった。この前後から日本海沿岸には、渤海からの使節の漂着が始まる。それも徐々に頻度激しく来航するようになって古志のどこかの海岸に漂着した。十五世紀まで太平洋沿岸に外国船の漂着記録はない。つまり当時、太平洋沿岸のほうは「裏日本」だった。

居多神社にあるオオクニヌシノミコトたちの像

糸魚川駅の山側に拓ける天津神社・奴奈川神社は「出雲大社、諏訪大社と親戚」という謳い文句を案内板に掲げている。

この天津神社の敷地内に境内社として、女王ヌナカワヒメを祀る奴奈川神社がある。こんもりと緑の木木が蔽う神秘な場所へ、人口過疎に悩む糸魚川の寂れかたに比べると意外に参拝客が多い。濃い緑に囲まれて静寂が支配する聖域である。

居多神社（上越市）境内にあるオオクニヌシノミコト親子のユーモラスな石像

ここにはヌナカワヒメの神像が安置されており、平安後期の仏教の影響が濃い作品で県指定文化財である。ただし日常的に公開していないため筆者は同神社には二回参詣しているが、その神像は写真で見ただけである。

ヌナカワヒメを祀る神社はほかにもあって、とくに有名なのは上越市の居多《こた》神社だ。気多とも呼ばれたが延喜式表記は居多で越後一之宮である。

直江津駅から徒歩で三十分、筆者は列車時間の都合でタクシーに乗った。境内はこじんまりとしているが、境内にオオクニヌシノミコトとヌナカワヒメのユーモラスな石像が建っている。しかも媛は幼子を抱いている。親子三人の珍しい、家族一同の像なのである。

主神は勿論、オオクニヌシノミコトとヌナカワヒメとその子タケミナカタ。地元の人々は縁結び、安産の祈願にやってくる。古志国が平和であった時代を象徴するような立像配置になっている。

余談ながら筆者が居多神社の撮影に行ったのは雨の日だった。階段で転んでカメラを守ろうとしたため指に怪我をした。待機していたタクシーの若い運転手がなぜかバンドエイドを持っていた。応急措置がとれたので、そのまま薬局へは行かず、「魚の美味《うま》い店」の案内を乞うと、人通りのまったくない商店街の一角に居酒屋風食堂。ところが店内に入ると満員で座るところがないほど、獲れたての魚、美味くて安かった。そう、日本海は魚が新鮮なのである。高志国の人々は魚介類に恵まれていたのだ。

糸魚川のほうの奴奈川神社のパンフレットには「出雲と高志と諏訪は連合勢力だった」と明記されている。

地元の人々はそう信じているのだ。天津神社は「一宮けんか祭り」という荒っぽい行事があって、これも諏訪大社の御柱祭りと規模こそ異なるが、スタイルが似ている。同敷地内の境内社が奴奈川神社、その創紀が第十二代景行天皇のときというから随分と旧い。武内宿弥《すくね》（建内宿弥とも書く）を派遣して治めたと日本書紀は記している。

第十二代の景行天皇といえば、ヤマトタケルの父である。息子の后、弟橘媛《おとたちばな》が入水して海の怒りを静めたので後世、走水《はしりみず》には彼女の銅像が建った。現在の神奈川県二宮にも我妻神社を創紀した。景行天皇の御陵は奈良県の古道、山辺の道に偉容を誇り、桜井方面から北上すると崇神天皇陵の手前である。

大正八年に天津神社から弥生時代の遺物である土器破片などが出土し、白玉、鎌銭片なども出土した。当時の「奴」は奴隷の意味ではなく、「翡翠の玉」を意味した（『日本書紀』に「瓊《ぬ》は玉なり」とある）。いのちの甦生を促すパワーを秘めていると信じられていた。永遠の生命の復活を祈願する祭器が翡翠の装飾品だった。

「（翡翠は）草や木の色に通じ、生命力の象徴であった。冬になっても色を失わない緑色の石に、縄文人たちは神秘な呪力を感じ、これを身につけることによって、生命の永遠を願った。さらに、これを死者と共に埋葬することによって、その生命の再生を祈ったのである」（小林道憲『古代日本海文明交流圏』、世界思想社）。

山野辺の道（天理市石上神社の裏側）

山野辺の道にある景行天皇陵

天津神社のほうは、ニニギノミコトを主神として、天孫降臨に随伴してきた天児屋根命《あまのこやねのみこと》（祝詞を作文した、高天原の神々と交信できる神）と天太玉命《あまのふとだまのみこと》（神器を揃えて神威を発揮する神）を祀る。大和朝廷史観が、神社の配置、主神にも浸透しているが、国津神でなく天津神ばかりである。この点に筆者は古志の人々の意気込みを感じる。たしかに大和朝廷史観に基づくとはいえ、神話時代の神々を、古志の人々が大和朝廷と共有したという意味がこめられている。高志国の、とくに越後の神社に共通する主神たちは国津神がほとんどない。

また物部氏をまつる神社が多いのも特徴である。物部氏はニニギノミコトより先に天孫降臨したニギハヤヒと一緒に祀られているのだ。この信仰の特徴に格別の留意が必要だろう。『日本書紀』が触れたがらないニギハヤヒを祀ることは大和朝廷史観への挑戦に繋がるからだ。

出雲、高志、信濃は親戚関係にあった

出雲を統治していたオオクニヌシノミコトと高志国の女王ヌナカワヒメは夫婦となり、

その子タケミナカタ（諏訪大社の主神）は信濃を治めた。ゆえに三ケ国は親戚同士である。出雲と高志は夫婦。信濃はその子供。

高志の翡翠と信濃の黒曜石と出雲の銅鐸に象徴される鉱物の交易、交換で密接な交流があり、この「三国連合」はまさにヤマト王権にとって脅威だった。

出雲大社の高層建築、諏訪大社の御柱祭り、そして糸魚川・天津神社の巨木柱を祭る祈り。糸魚川の寺地遺跡からは縄文後期に四本の巨木柱が立てられていたことで知られ、西金沢のチカモリ遺跡も能登の真脇遺跡も巨木遺物が残る（232頁に詳述）。

ヤマト王権へ出雲国の国譲りでは、オオクニヌシノミコトが高天原から派遣されたタケミカヅチノミコトとフツヌシとの最終的な話し合いで決着した筋立てになっており、以前に出雲に組み込まれていた高志国はそのままヤマト王権に編入されたという物語ができあがった。タケミカヅチは鹿島神宮の主神、フツヌシは香取神宮の主神である。この二神は一対の軍神である。

その後、高志国のことが歴史に登場するのは、序章でみたように崇神天皇の四道将軍派遣、ヤマトタケルの偵察隊派遣、阿倍比羅夫の蝦夷平定、そして高志の越前にいたオホドが都からの迎えが来て継体天皇として即位する「異変」が、長い空白を画期した。

そして、斉明天皇の御代に阿倍比羅夫の蝦夷退治のための遠征、そして大伴家持が越中に赴任することくらいだ。三世紀から五世紀にかけての歴史の記憶が飛んでしまったが、六世紀に継体天皇が高志国の越前から大和朝廷に皇統継承のため迎えられたという歴史的な重みを従来の歴史学者は軽視してきた。

高志国の空白時代を補うには他の文書ならびに現地の遺跡や神社の由来を探し求め、伝承や逸話、昔話を集めると総合的な概要が摑めるのではないか。

手探りの旅はまずベット・ディテクティヴの手法で、収集可能な情報と古代文献の渉猟、古文書と神話に出てくる神社、遺跡をめぐって現場で次のヒントを得る手法を用いた。

なにしろ『古事記』、『日本書紀』、『出雲国風土記』以外の、当該地の伝説は神社の由来、郷土史家の書いた独特な史書や意表を突く評伝など、現地をまわって調べてみると「空白」時代を補えると考えたのだが、結果的にこれは正しかった。

奈良朝に中央集権国家であった大和朝廷は武門の雄でもあり歌人だった大伴氏を一時期、越中の伏木（現在の高岡市）に赴任させたことは述べたが、家持が読んだ歌のなかにもいくばくかの物語が行間に潜んでいるだろう。

また近世の芭蕉『おくの細道』は北から南へ、すなわち出羽から越後、越中、加賀、越前を経た旅日記でもある。まさに古志全域を歩いたのだから『古志の細道』と改題してもよい。各地で詠んだ句にも古志国の残映がある。古志路のそこかしこに芭蕉の句碑が建っていることも、記念碑としてだけではなく地元民が芭蕉の句碑に何事かを託したのだ。

その典型は越前丸岡の称念寺境内に建立された句碑で「月さびよ明智が妻の咄せむ」だ。明智光秀はこの称念寺で九年間を逼塞し地元の子らに学問を教えた（蛇足ながらこの明智の句は芭蕉が伊勢で詠んだもので『おくの細道』には収録されていない）。

なぜ加賀と能登に「越」はつかないのか

オオクニヌシノミコトのご先祖はスサノオである。

イザナギが黄泉《よみ》の国から逃げ帰り、禊《みそ》ぎを受けると、右目から天照大神が左目からツキヨミヒメが、そして鼻から生まれたのがスサノオである。鼻息が荒いという比喩があるように活力、いのちの源泉を吹き込んだ。

乱暴者だったスサノオはアマテラスによって高天原を追放される。出雲へ辿り着き八岐大蛇を退治し、出雲を治めた。

このスサノオを祀る全国の総本山は京都の八坂神社、関東の総本山は大宮（さいたま市）の氷川神社。世界的に有名な八坂神社の主神はスサノオである。八坂神社は祇園祭の胴元であり夥しい参詣客が集まる。

スサノオは天照大神から高天原を追放され、あちこち流れ、やがて出雲に行きつき、八俣大蛇＝ヤマタノオロチを退治した。切った大蛇の尻尾からでてきた剣が三種の神器となる草薙《くさなぎ》の剣《つるぎ》だった。

『古事記』には「高志の八俣の大蛇」と意図的な記述がある。鋭利な剣が使われていたという記述は鉄器の存在を意味する。

また大蛇に八頭の頭があると聞いて八つの壷に強い酒をいれて酔わせたという意味はこの時代に酒があった証し、日本文化の高さを物語る。出雲系の神社へ行くと境内社に松尾神社がある。お酒の神様である。したがって出雲は文明的にも高度に拓けていた事態を意味する。当時の地政学で朝鮮半島、シナ大陸に近いのは日本海側だった。

連想を逞しくすれば「めぐみチャン拉致事件」が象徴する北朝鮮の日本人拉致、あるいは金大中を白昼堂々と都内から拉致し、韓国へ運んだように日本海側は異国との交流が早くから拓けた。高志から伯耆、出雲は大和地方より、はるかに文明先進地域だったことは日本海を中心に地図を逆さまに描くとよく分かる。

梅原猛は、出雲はスサノオ以前、古志に征服されていたと想像を逞しくして次のように書いた。

「ヤマタノオロチとは、人民を苦しめる強く悪い豪族を指すのかもしれない（中略）。日本海の臨む当時の国々の中で、ヒスイを生産した越の国が最も豊かで強い国であったに違いない。そしてこの越の国（古志、高志）からやってきた豪族が出雲の山々を支配し、海や川を支配し、そこに住む人々を苦しめていたのではなかろうか。その強き悪しき越の豪族ども、すなわち『高志の八俣のおろち』にスサノヲは、酒を飲ませて油断させ、皆殺しにしたのではなかろうか。つまり出雲王朝は、出雲が越の支配から解放されたスサノオの時代にはじまったのではないか」（梅原猛『葬られた王朝』、新潮文庫）。

梅原猛の「豊かな想像力」には感服するが、フィクショナルな推理小説風である。出雲が「葬られた王朝」であるなら、それ以前に葬られた高志国の謎を解くには縄文、弥生の遺跡からの出土品を調べる基礎的な積み重ねも重要となる。そのうえで文献も木簡も極小であるため推理を積み重ねる。

北陸に散在する縄文遺跡のなかでも若狭の鳥浜貝塚、能登の真脇、金沢のチカモリ遺跡、越中の北代、越後の古津遺跡群、長者原と馬高、笹山など無数の遺跡が発掘され、研究が続けられている。

付帯する謎は越前、越中、越後と「越」が冠せられているのに、なぜその間にある加賀と能登には「越」がつかないのか。

それは大和朝廷が派遣した国造、国府の場所、国司が誰であったかなどが分かっているので、行政的な説明ができる。加賀と能登は大和朝廷の仕分けによって、或る時は越前に、ある時は越中に仕分けされ、編入されていたからだ。つまり古志国の統治権が大和朝廷に移管していたから、こうした一方的な行政の区分けが可能だった。加賀と能登を独立させて国造を設置する権限は古志の人々にはなかったということである。近世日本史では珍しいことに守護富樫《とがし》氏を滅ばした一向一揆の独立国「浄土真宗コミューン」が加賀と能登で百年続いた。現在の石川県は信長に制圧され、前田利家が尾張から派遣される前まで、独自の自治を誇った。地誌的には能登半島が海流の障害となったはずで、越前から迂回しての越中、越後行きルートが発達したからだろう。当時は陸の旅ではなく船旅が主流である。能登と富山とは方言が似ており、たとえば「きときと」は能登から氷見、高岡、富山へいたる地域で共通である。東京への長距離バスのニックネームは「きときと号」だ。金沢からは「きまっし」号である。

鰤《ぶり》がよく取れるのは能登の七尾湾から氷見にかけてである。のどぐろや鰰《はたはた》を寿司ネタとするあたりも食文化が共通している。全国でも鰤が寿司ネタとなるのは石川、富山から秋田だけである。

航海ルートは日本海側が主流。「遣渤海使」は遣唐使に匹敵した

北九州から山口北部、島根、鳥取から福井の敦賀、三国、能登の福浦、越中の伏木、新潟は糸魚川、新潟港まで日本海に面する港町は縄文時代から江戸時代まで殷賑《いんしん》を極めた。対馬海流にのって半島からの交易船や使節団と頻繁な交易、交流が筑紫、出雲、伯耆、丹後、若狭、越前から越中には氷見、伏木、魚津に港が並ぶように越後の糸魚川にかけて存在していた。直江津の北には「出雲崎」という港町も残る。

遣隋使・遣唐使が教科書に何回も出てくるのは大和朝廷史観に立脚するからで、反面、軽視されているのが「高句麗使」と「渤海使」。また「新羅使」に関しては無視である。前者の高句麗使節が古志の海岸に着岸した記録は四回。遣渤海使は八世紀から九世紀まで

十三回の公式記録のほか、二十回前後の非公式な来航があった(56・57頁の表参照)。これらは出羽あたりから隠岐までの日本海沿岸各地に来着もしくは漂着した。特に加賀、越前にやってきた。

律令制度のもと、来朝使節は大宰府経由と決められていたが、当時の航海術では、どこに海流で流されるかわからない。だから日本海側の随所に迎賓施設を設けた。それらの痕跡が能登の福良、敦賀の松原だった。

敦賀の松原海浜は景勝地として有名で筆者も歩いてみたが、迎賓館跡は影も形もない。『福井県史』における古志の記述をみると、「第二節　若越における古代文化の形成」の個所に「若越と日本海文化——渡来文化と地域間交流」という説があって曰く。

「海外からの渡来人や文化に関しては、ツヌガアラシト(都怒我阿羅斯等、またの名は于斯岐阿利叱智干岐)の渡来説話がある。かれは意富加羅国の王子で、初め穴門(長門国西南部)に至り、そこから北つ海から廻って出雲国を経て、角鹿(敦賀)に着いたという(編一四)。この伝承は有名な天之日矛の渡来説話から派生したという説があるが、それは採らない」という『敦賀市史』(通史編上)は次を続ける。

「ツヌガアラシトが『額に角負いたる人』と表現されるところから、日本海域に分布する角坏とのかかわりをみる理解の仕方もある。（中略）敦賀の地には、新羅系の式内社も散見する。要は、この説話は、敦賀に相次いだ朝鮮半島南部からの渡来人とその子孫が定着し発展したことを示唆する」

敦賀郊外の常宮《じょうぐう》神社へ行って確かめたが、新羅鐘が宝物庫に収められていた。常宮神社は神功皇后が新羅征伐に敦賀から出港したという伝承のもと、仲哀天皇、神功皇后、そして応神天皇を祀る。境内社には武内宿彌を祀る中規模の祠がある。

いわゆる「縄文海進」は氷河期の終わり頃から始まり、ピークが6500年前から6000年前、縄文中期である。たとえば現在の千葉県の大半は孤島だった。海は群馬県藤岡あたりまで関東の地名を見ても内陸部に曳舟、船橋、入舟など河川運搬の船着き場の名前が残っている。海は現在より70メートルほど高かった。大阪も北浜、船場、中之島、堂島などの地名は海だったことをしめす。難波の意味は海の難所ということである。

内陸部で夥しい貝塚の発見（関東でも大森貝塚、王寺貝塚、千葉の賀曽利《かそり》貝塚など）は海岸に近い場所ではなく、むしろ高台である。この地理的な事実こそ、端的に縄文海進の

高句麗からの使節来日

来航年月日	到着地点	使節の陣容
欽明天皇三十一年（西暦570年）	古志に漂着	古志の豪族が拉致、朝廷は迎えの準備。膳氏を派遣し、琵琶湖に迎え供宴。
敏達天皇元年（571）	――	偽使節団を疑われ、ようやく帰国。使節を疑って見張り役をつけて送還
敏達天皇二年（572）	古志に来航	饗応せず。途次に副使らが大使を殺害
敏達天皇三年（573）	古志に来航	京都に入り前回の使節の殺人が露見。翌年も来寇するが港など不明。
（595）	――	高句麗僧の慧慈が帰化、聖徳太子の師となる
（605）	――	高句麗の大興王が黄金300両を献ず
推古天皇二十六年（618）	港は不明	高句麗使節来日し、隋の滅亡を伝える。武器、駱駝などを献ず
皇極天皇元年（642）	筑紫	――
斉明天皇六年（660）	筑紫	――
天智天皇七年（668）	古志	――

この表でも明らかなように、古志の港へ四回、筑紫へ二回。ほかには百済、新羅使節と一緒に来日した記録があるが、単独来寇は四回だけ。

（小林昌二・小嶋芳孝編『日本海行き歴史大系（1）古代篇』清文堂などから筆者が作成）

渤海国からの使節の来日記録（公式使節のみ）

来航年月日	到着地点	使節の陣容
神亀四年9月21日（西暦727年）	蝦夷地境（出羽）	高仁義ら24名（翌年四月能登から帰国）
天平十一年7月13日（739）	出羽	胥要徳ら（翌年二月能登から帰国）
天平宝字二年9月18日（758）	越前	楊承慶ら23人（翌年二月出羽から）
同　3年10月18日	対馬	高南甲ら（帰国港不明）
同　6年10月1日	越前国加賀	王新福ら23名（翌年二月帰国）
宝亀二年6月27日（771）	出羽国から常陸へ	壱満幅ら（翌二月能登福良港から帰国）
同　7年12月22日	加賀江沼郡	史都蒙ら187名（翌五月能登から帰国）
同　9年9月21日	越前三国港	張仙寿ら（翌年二月能登から帰国）
延暦五年9月18日（786）	出羽蝦夷から越後	李元泰ら65名（翌二月越後から帰国）
同　14年11月3日	越後	呂定林ら68名（翌四月　帰国港不明）
同　17年12月27日	隠岐の島	大昌泰ら（翌四月　帰国港不明）
弘仁元年9月29日（810）	来航港不明	高南容ら（翌一月　帰国港不明）

（この83年間に、ほかに五回「非公式」な来航がある）

西暦810年以後、大和朝廷は、正式外交使節として渤海使節を公式とは認めずに放逐、あるいは当該国司の適当な接待で追い返し、あるいは入京を認めず、大宰府へ回航を命じるなど、判明しているだけでも20回もの非公式な訪問記録がある。つまり日本へ来て過分のもてなしを受けた他、絹織物など土産物を帰国後、高価で転売し、巨富を得ていた。彼らの持参品はテンなど毛皮だけだった。このような歪つな関係は江戸時代の朝鮮通信使でも明らか。戦後のかの国の外交も同様である。また日本からは13回使節派遣があった。

（木本秀樹『越中の古代勢力と北陸社会』桂書房などを参考に筆者が作成）

痕跡を物語る。

一方、日本海沿岸は潮の干満差が小さく、東北から北陸、出雲にかけて多いのは潟《かた》（たとえば八郎潟や宍道湖）。海水が陸部を浸食し湖を形成したが、塩分が多いため干拓しても稲穂は実らない。しかし大きな河川に繋がるので河上との交易は盛んだった。また日本海には洞窟が多い。戦後の本格的発掘によって石器時代の住居跡が多数見つかっており、貝殻、人骨、食事滓などから洞窟生活者がいたことも出雲から越前にかけての特色と言える。

当時の「世界史」的パースペクティブで言えば、日本にとって「外国」という認識は中国大陸と朝鮮半島、そして沿海州である。

近世の感覚での「外国」は、南蛮船の渡来が十六世紀、信長の時代である。太平洋航路が拓けたのは十九世紀。それまで欧米は日本の思考体系のなかには組み入れられていない。

縄文人は南方の海洋民族系とシベリアからの北方系にわかれ別々に日本に流入した。人種が異なるように、海洋民族系は台湾、沖縄を経由して対馬で分岐し、九州から四国南部、和歌山、そして黒潮に乗って千葉に漂着して定住した。千葉県の墨古沢《すみふるさわ》遺跡は3万4000年前、薩摩の上野原遺跡は7500年前である。他方、朝鮮半島へ流れ着いた南方系縄文人は百済、任那に住み着いた。これが大和朝廷が任那府を置き、百済救援に国力を傾けるほどの支援をした絆の基本にある。百済は日本の保護国だったと言っても過言ではない。シベリアからマンモスを追ってきた狩猟民族系の縄文人は北海道から東北地方へと南下した。「世界遺産」となった北海道・東北縄文遺跡群の分布をみれば明らかで、この両方の縄文人が何処かで融合した。それが『古事記』に書かれた山幸彦、海幸彦の古代史神話となったのではないか。海幸彦と山幸彦兄弟の諍《いさか》いは一本の釣針が原因で、釣りに不慣れな山幸がそれをなくして、「同じ針でなければ許さない」と傲岸な兄に、途方に暮れる山幸が海神に引かれて「竜宮城」へいく。そして海神の協力で何年か愉しい時間を過ごし、兄の針を見つけ帰還し、海幸彦をやっつけるという筋立てだ。

これは大和朝廷が隼人に勝ったことを寓話化したものとする解釈があるが、海幸と山幸の兄弟喧嘩は縄文人と弥生人が対立から宥和へ至った過程を象徴する神話に置き換わっているのである。

さるにても「日本海文化圏」の重要性が歴史学で軽視され続けた。

三内丸山遺跡から糸魚川の翡翠、信濃の黒曜石、岩手県久慈の琥珀が出土しているように交易は盛んだった。漆、アスファルトなども北海道と東北の縄文集落で交易があったことは近年の考古学で証明されている。漆は中国から渡来したのではなく九千年前に北海道で産出されていた。国内航路ばかりか、北九州は対馬を経由して半島との行き来があり、日本海沿岸は半島北部（高句麗や渤海国）との交流、交易、使節の交換が盛んだった。

渤海国（698~928）はいまの中国東北部から朝鮮半島北部、現ロシアの沿海地方にかけて存在した国家。大祚栄《だいそえい》により建国され、周囲との交易で栄えた。唐からも「海東の盛国」（『新唐書』）と呼ばれたものだったが、十世紀に契丹（遼）に滅ぼされた。

繊維産業の源流

繊維の伝統が、奈良・平安時代には本格的な織物産業となり、江戸時代に栄えた越後屋は呉服問屋兼両替商だった。越後屋が三越に屋号を変更したのは、創業者が越後出身ではなく三井高利《たかとし》の「三」と越後から選択して合成した。一族に越後守がいたからで、創業者は松坂出身だが越後屋を名乗った。当時はそのほうが語感がよく響いたからだろう。現代ファッションで言えば、パリとかミラノという感覚だったのかもしれない。

江戸時代から昭和まで北陸地方になぜ繊維産業が盛んだったのか。繊維産業こそは古代の先端産業である。重要なポイントだ。
繊維製品の原料栽培と育成、技能に富み、今日も小千谷縮《おぢやちぢみ》（新潟県小千谷市）、越後上布（南魚沼市、上越市）は世界的に有名である。

田中角栄・ニクソンによる日米繊維交渉前まで北陸の産業と言えば、繊維が筆頭だったのである。日米交渉で日本からの繊維製品に強い規制がかけられ、多くの繊維商社、メーカーは機械を壊し、その補助金によって転・廃業した。高級和服も廃れ、和服さえ化学繊維が主流となって麻の歴史を忘れたのだ。

木簡で確認されたことがある。大和朝廷の統治システムに参入されて以後、古志の諸地域からの調（貢ぎ物）の品目を見ると、特産品に際立った特徴がある。若狭は海蘊《モズク》、わかめ、鮭など海産物も豊富だが、とくに塩である。越前以北となると繊維製品が主流となり、加えて越前からいりこ、ナマコ、加賀、能登もそうだ。越中からは白畳綿、越後からは杵、布、鮭などが目立つ。いずれも木簡で確認されたが、繊維製品が際立っていた。

　戦後、日本は世界の流れに逆らって大麻栽培に制限をかけている。国益からいえばマイナスである。縄文時代から日本でも大麻繊維が編まれた。現代でも衣料品、食品、化粧品、飼料、CBDオイルなどに商業化されている。戦後の日本では大麻がマリファナと混同され、規制が強まった。欧米の解禁風潮とは逆コースを歩むのも、行政の欠陥に加えてマスコミの意見を真に受けた人々が多いからだ。こんにち麻栽培は全国で僅か30軒となり栽培農地は10ヘクタール程度、しかし麻は医薬、医療用の麻酔ばかりか精神安定剤の材料でもあり、2020年12月、WHOの勧告に基づいて国連で規制が緩和された。これにより、ようやく日本も路線変更に乗り出す。

麻と聞いてマニラ麻を連想する人が多いかもしれない。

ミンダナオ島のダバオ郊外カリナン地区にかつて二万人の日本人が暮らした日本村（リトルトウキョウ）があった。いまも記念館が残り（比日歴史資料館）、ここでは日本語教室も開かれている。五年ほど前にマニラから足を延ばしミンダナオ島のダバオへ飛んだ。ここでタクシーをチャーターし、道に迷いながら取材に行ったことがある。驚いたことに資料館には若者たちが集まっており、マニラ麻の加工器具の展示があった。現地の若いフィリピン人に日本語が通じた。日本人との混血の末裔らしい。この日比友好の歴史資料館は日本の武蔵野ロータリークラブとダバオの日系人会が資金を集めた。マニラ麻は現地ではアバカと呼ばれる。

またダバオの町にはやけに日本料理屋が多く、それも「将軍」とか「大将」とか、軍人用語の店名である。戦前の名残だろう。ダバオには沖縄からの移民が多かった。目的はマニラ麻の栽培で、日本人がプランテーションを経営していたのだ。ダバオはドゥテルテ大統領の地盤だから安倍首相（当時）が訪問した折は、わざわざドゥテルテ大統領のダバオの自宅で歓迎の宴が開かれた。

マニラ麻は、麻の仲間ではなくバショー科の植物で、鞘葉が繊維となる。耐久性が有り、水にも強いので繊維製品ばかりか高級紙に多用される。じつは日銀券の原料もこのマニラ麻だ。高志国の文明の所産、とくに第二次産業としても麻こそ、麻縄すなわち縄文時代の文明の高さを物語る。

古来、ご神体だった弥彦山

かくして「日本海文化圏」は縄文遺跡が明らかに示すように古い歴史の基盤があり、大和朝廷よりも高度な文明があり、また人口も多かった。

藤岡謙二郎の古代人口推計に拠ると、若狭＝2万8300、越前＝12万8800、加賀＝8万6600、能登＝4万5300、越中＝9万8700、越後＝9万7900、佐渡＝2

万200となっている（熊田亮助・坂井秀弥編『日本海域歴史大系・古代篇Ⅱ』、清文堂の244頁を参照）。

越後以北は朝鮮半島の北部から遼寧省、そして沿海州からの渡来船が賑わって、遺跡の出土品には古志の国とは異なるものが多い。

高志国が先進的だったのは造船、農業に加え、交易であり、麻に代表される繊維であり、そしてもう一つが医薬品である。古代は医薬品と言っても薬草や動物の肝などだろうが、因幡《いなば》の白兎を治癒した伝説があるように、医療の先進性は統治者としてのパワーを併せ持つ。

まとめとして、分かっていることと分からないことの区別である。

越後一宮は弥彦《やひこ》神社である。弥彦山がご神体。祀られる神は天香山命《あまのかごやまのみこと》。別名が高倉下命《たかくらじのみこと》。高倉下といえば、神武天皇が熊野をさまよって苦戦に陥ったとき、高天原から降臨した神剣を受け取った豪族である。

この二神は神武東征のときの功労者で、のちに越後の国土開発のために来臨されて、越後の人々に漁業、農業、酒造、製塩技術を授けたとされる。「越後の文化・産業の始祖神」となり、民衆の信仰のよりどころとなって「お弥彦参り」がブームとなった。上杉謙信さ

茅の輪が作られた弥彦神社の境内

弥彦神社の後ろに聳える弥彦山

え必勝祈願に訪れたともいう。

しかし原始的神道は磐座《いわくら》信仰だった。

拝所だけで本殿どころか拝殿も鳥居もなかった。山を仰ぎ、巨石を讃仰し、神木を神とした。日本海文明を象徴する巨木文化は出雲大社の御柱の巨大さと建築技術、この空中神殿が象徴する。

諏訪大社の御柱祭りは七年ごとにに巨木を担ぐお祭り。ストーンサークルは東北北部に多いが、巨木建築といわゆるウッズサークルは古志の国の特徴である。

越後出身の三浦重周（思想家、三島由紀夫研究会元事務局長）は小学校の遠足も、中学のときの写生会も必ず弥彦山だったので印象が深く、幼き時から疑問を抱いてきたと回想記に書き残している。

「隣の長野県の諏訪神社など国津神系の神社が多いのに、それよりも遥かに遠い越後の国に何故天津系の社が鎮座しているかということである」と疑った三浦の記憶に拠れば、小中高校の校歌に、「姿気高き弥彦山」、「仰ぐ霊峰弥彦や」、「千古揺るがぬ弥彦の勇姿を」と謳ったことを思い出すからだと綴っている（三浦重周『白骨を秋霜に曝すを懼れず』、K&Kプレス）。

たしかに疑念はあるが、古来より弥彦山が御神体だったわけで、高志国がヤマト王権に参入されて以後に一宮となって神話の神々が降臨したのである。すなわち古来より伝わった古志の伝統的な神々は大和朝廷史観によって窯変《ようへん》したのである。

公文書館がなかった

文献資料の古さは中国の強みである。ただし真実を無視しての誇張や架空のでっち上げが多いので読み方に慎重すぎるほど慎重な読書方法が必要である。

日本にアーカイブ（公文書館）が出来たのはじつに現代になってからで1971年である。明治維新ののち、岩倉遣欧使節は欧米各地で公文書館を見学しているが、帰国後、真似て造ろうとする気はなかった。図書館と博物館は日本に持ち帰ったものの文書館を持ち帰る発想がなかった。

アーカイブは保存、整理、公開という順番を踏む。そして公文書か、私文書かにわかれ、さらに一次資料か、二次資料かで区別される。

日本が法治国家らしく律令が制定されたのは701年の大宝律令からである。

切っ掛けは乙巳の変だった。蘇我入鹿を中大兄皇子と中臣鎌足が成敗し、やがて中大兄皇子は天智天皇として近江に遷都し、即位した。白村江敗戦後の国防を拡充した。天智天皇崩御後、壬申の乱が起こり、ついで天武天皇・持続天皇の治世によって律令制確立となる。律令の実現に半世紀を要したのが「大化の改新」、その律令国家の実現までに挟まるのが「白村江」における敗戦と日本史に珍しい大規模な「壬申の乱」である。

大宝律令の前に聖徳太子の十七条憲法があるが、庶民は存在も知らないし、貴族でも守る人はいない。というより当時は国としてのまとまりに強い公権力が伴っていなかった。表現が抽象的で罰則規定もない。大宝律令は、その法の執行をする権力が存在した。

聖徳太子の十七条憲法は「篤く三宝を敬え」の教えであり、モラルを説いている。太子が仏典に深く学ぶようになったのは595年に渤海国使節として渡来した慧慈と慧聡を師としてからである。

「仏、法、僧を尊ぶ」とは、仏教だけではなく伝来の自然信仰、つまり神道をも含有する。日本の歴史で「神道」の語彙が登場するのは用明天皇の御代だった。すなわち用明天皇(在位585~587)は聖徳太子の父親であり、天皇を補弼《ほひつ》したのは蘇我と物部の並立時代。蘇我氏は仏教推進派だったが、物部氏は自然信仰派。対立が先鋭化し、廃仏毀釈が起こった。神道を重視した物部氏は仏教崇拝の蘇我氏に滅ばされた。

京都の山科にある天智天皇山科陵

飛鳥にある天武天皇・持統天皇合同陵

だが宗家は滅ぼされたけれども物部氏一族は古志で甦っていたのである。

用明天皇二年（587）に物部氏が蘇我氏の攻撃に敗北し、歴史の表舞台から消えたが、その後、古志での展開が確認されている。古志全域に物部神社が建立されたのは、阿倍比羅夫の陰に隠れているが、地道な活躍があったのではないか。古志、高志を「越」と一括し始めるのは八世紀以後で、『日本書紀』からだが、飛鳥時代の木簡の多く、とくに藤原京跡から出てきた木簡には「高志国」と書かれている。木簡はとりわけ長屋王の屋敷跡からおびただしく出土しており、あたかも古代のアーカイブだ。

当時、長屋王が実質的にまつりごとの采配をふるっていたことがわかる。古志、高志、越の三通りの表記に関して近年の古代史学者は「コシ」と表現する。お米のコシヒカリも、カタカナ表記となった。ついでに触れておくと越後の酒が美味いのはコメが良品質だからであり、それは豪雪地帯特有の土壌の豊饒《ほうじょう》による。雪に含まれるバクテリアが解けて水田の土壌を潤すからだ。それゆえに山形、秋田、青森にかけて、最近は北海道でも日本酒が美味い。

蛇足ながら戦国時代の新発見資料のなかに『武功夜話』がある。津本陽も遠藤周作も、これを基に小説を書いた。ところが原本が公開されておらず、中味は切支丹伴天連に同調的で、これまた面妖なのである。しかしそれを言い出したら、『古事記』、『日本書紀』を補うとされる『先代旧事本紀』など、後世の後智恵に満ちているし、「魏志倭人伝」なるものは史書というより、政治宣伝文書である。

土器、石器、木材の武器しか持たない高志国は鉄製の武器で武装した出雲に屈服した。八千矛命がヌナカワヒメに求婚したという恋歌に『古事記』は脚色したが、実際には武力制圧だった。そもそもオオクニヌシノミコトは神代の神話に基づく物語であり、伝承は口から口へ伝わった。言葉があっても文字のない時代には口承で後世に伝わる。糸電話で遊んだ世代なら実感があるだろうが、だんだんと異なる歌や物語りになって伝わり、正確な記述ではなく伝説となる。

オオクニヌシノミコトの時代、高志国は船舶海運に長けていた。しかし交易目的であって戦争のための軍船はなく、まして狩猟漁労用の弓や槍、銛、石斧などはそれなりに発達していたが、箭《や》は鋭利な木材か、鏃も鋭角的な石材。防御する盾もおそらく硬い木材だろう。信長時代の槍、刀、石筒などは火縄銃を前にして戦争の形態を変えたように、その時代の最新鋭武器を先に調達する者が勝者となった。出雲の青銅器、銅鐸に見られる楯。これらの軍事力は相手を凌駕するにあまりあったようだ。

『出雲国風土記』には、オオクニヌシノミコトが「古志の八つ口を平定した」とある。

この場所は本当に存在するのか、一説に新潟県岩船郡関川村八ツ口付近とする。磐船はたしかに海岸線にあるが、当該八ツ口は新発田市付近の山の中、山形県国境に近い不便な場所だから疑問が生じる。ただし砂鉄の産地として栄えた伝説があり、全否定出来ない。この僅か一行の記述ながら、砂金の産地もついでに治めたという軍略上の成果があったと考えてもよいかも知れない。

蒸気船と大型長距離砲に負けた幕末の長州、薩摩は、煎じ詰めれば最新兵器の研究開発の後れをとったからだ。

出雲、高志に信濃を加えた日本海文化圏連合は西日本に勃興した吉備をしたがえ、鉄製兵器で武装した大和王朝に敗れたが、それが出雲の国譲りと美化された物語りに変形されたのである。

第二章　ヌナカワヒメ伝説を追う

オオクニヌシノミコトの求婚の意味

「古志の女王」ヌナカワヒメを『古事記』は沼河比売と書いた。『先代旧事本紀』では高志沼河姫《こしのぬなかわひめ》、『出雲国風土記』では奴奈宜波比売命《ヌナカツヒメノミコト》と三様に表記される。ここでは先ず『古事記』の記述を引こう。

大国主《オオクニヌシ》は古志国へ出かけ、八千矛《やちほこ》と名乗り、ヌナカワ媛の家の前で求愛の歌を詠んだ。

「八千矛《やちほこ》の　神の命《みこと》は　八島国　妻枕《ま》きかねて　遠々し　高志の国に　賢し女めを　ありと聞かして　麗し女を　ありと聞きこして　さ婚ひに　あり立たし　婚ひに　あり通はせ　大刀が緒も　いまだ解かずて　襲をも　いまだ解かねば　嬢子《をとめ》の　寝すや板戸を　押そぶらひ　我が立たせれば　引こづらひ　我が立たせれば　青山に　鵺《ぬえ》は鳴きぬ　さ野つ鳥　雉は響《とよ》む　庭つ鳥　鶏は鳴く　うれたくも　鳴くなる鳥か　この鳥も　打ちやめこせね　いしたふや　天馳使ひ　事の　語りごとも　此をば」

沼河比売の返歌は次のようだった。

「八千矛の　神の命　萎え草の　女にしあれば　我が心　浦渚《うらす》の鳥ぞ　今こそは　千鳥にあらめ　後は　和鳥にあらむを　命は　な殺せたまひそ　いしたふや　天馳使　事の　語り言も　此をば」

「青山に　日が隠らば　ぬばたまの　夜は出でなむ　朝日の　笑み栄え来て　栲綱《たくづぬ》の　白き腕　沫雪の　若やる胸を　そ叩き　叩き愛がり　真玉手　玉手差し纏《よ》き　股長に　寝はなさむを　あやに　な恋ひ聞こし　八千矛の　神の命　事の　語り言も　此をば」

現代語訳を浪漫派の作家、蓮田善明訳から引用しよう。

「八千矛の神の命ぞ　このわれは

八島国こそ広いけれど　気に添う妻を求めかね　遠い遠い越国に　賢いおとめがあると聞き　美しいおとめがあると聞き

いくたび会いに来たことか　いくたび来ては立つことか　太刀の緒紐《おひも》もまだ解かず　忍びの衣《きぬ》もまだ解かず　閨《ねや》の板戸をがたがたと

押して夜すがらわが立てば、引いて夜すがらわれ立てば、青山になく鵼鳥の　声に心も

身もわびし
はては雉が野らで鳴き　はては庭べで鶏が鳴く。ええ　夜も明け方に近づくか　恨めしく鳴くこの鳥め　とめてやろうか息の根を
心焦がるるこの歌は　心も空に飛ぶ思い
聞かせてやりたい　かのひとへ」

この豪快な求愛の歌にヌノカワヒメは返した。

「八千矛の神の命よ　わたくしは
なよなよ草の女ゆえ　胸の思いを譬《たと》うれば
浦渚に棲《す》める鳥のよう　人目が気が気でなりませぬ。千鳥の群れ鳴く思いして　心が千々に乱れます
けれどもやがて時を見て　きっと静かに会いましょう　待って下さい　死なないで
心焦がるるこの歌は　心も空に飛ぶ思い
聞かせてやりたい　かのひとへ

青山西山　日が暮れて　暗い真暗い夜になれば　朝日のようにうれしさを　笑みに浮かべて会いましょう
栲綱の様な白腕《しろうで》を　沫雪《あわゆき》のような軟胸《やわむね》を　互いにしっかり抱きかわし　互いに手をばさしのべて　足も長々さしのべて　心ゆく夜もあるものを
あまり急《せ》いたり遊ばすな　八千矛の神の命よ　心から　聞かせてやりたい　この歌を」
（蓮田善明『現代語訳・古事記』、岩波現代文庫）。

その夜は歌だけを詠み交わし、翌日二人は結ばれた。ちなみに、『古事記』の書き下し文から、別の意味が歌に含まれていることにお気づきだと思う。八千矛は鳥が五月蝿《うるさ》いから殺すと脅し、ヌナカワヒメは、可哀想だから殺さないでと哀願する。古志の軍隊を殲滅させないで、出雲に降伏するので待てという示唆ではないのか。

『古事記』は歌の交換以外の記述はない。

沼川と『和名抄』に書かれた。これを国立国語研究所のファイアルから索引を見つけると『和名類聚抄』第七巻に「越後国頸城郡沼川郷」とあり「国群部12の101　23丁裏」に明記されている。

この婚姻の意味を神話研究家は「ヌナガハヒメはその地のヒメ、つまりその地を代表する女の意味で、恐らくは土地の神を祀る能力を有した女性」だとし、オオモノヌシが娶った意味とは「その地の宗教的支配権の獲得を意味していた」（松本直樹『神話で読みとく古代日本』、ちくま新書）。

筆者はこの「宗教的支配権」という解釈に加えて、出雲と古志の「政治同盟」の成立ではないかと考える。以後の外交的主導権は出雲が握ったのだ。

出雲と古志のヌナカワヒメ伝説の差異

『出雲国風土記』の島根郡の美保郷の条を考察したい。なぜならヌナカワヒメの子供達のことを書いているからだ。

「美保郷、郡家の正東二十七里二百六十四歩。天の下所造《つく》らしし大神命、高志国に座す神、意支都久辰為命《おきつくしいのみこと》の子、俾都久辰為命《へつくしいのみこと》の子、奴奈宜波比売命に娶《あ》ひて、産ま令《し》めし神、御穂《みほ》須々美命《すすみのみこと》、是の神座《いま》す。故、美保といひき」（中村啓信、監修訳注『風土記』角川ソフィア文庫、145頁)。

糸魚川市の伝承は、大国主と沼河比売との間に生まれた子が建御名方神《たけみなかた》で、やがて姫川をさかのぼって諏訪に入り、諏訪大社の祭神になったという。諏訪でも建御名方神の母を沼河比売としており、『先代旧事本紀』でも建御名方神は沼河比売(高志沼河姫)の子と書いていて、『出雲国風土記』とは異なる。

同風土記は高志国の意支都久辰為命の子の俾都久辰為命の子と記され、大穴持命(大国主)との間に御穂須須美命を産んだと書かれている。美保神社の主神である。『出雲国風土記』だけが記載する子である。事代主神と三穂津姫命が後世に追加された。いずれにしても、ここにはヌナカワヒメが祀られていない。

ヌナカワヒメを祭る神社は新潟県以外にも多く、長野県諏訪大社下社に八坂刀売神《やさかとめのかみ》や建御名方神と共に祀られている。

諏訪大社のお祭りは七年毎に雄壮に行われる「御柱祭」である。柱を担いで駆ける男達の踏みならす震動で地面が揺れ、轟音がとどろき渡る。果敢な、暴力的な荒っぽいお祭りは必ずテレビニュースになるからご存じの読者が多いだろう。

ところがこの御柱祭と諏訪大社の主神であるはずのタケミナカタは無関係である。そんなことがあるのか。

諏訪大社の案内板には主神はタケミナカタと、ヤサカノトメノカミである。建御名方神は『古事記』の国譲りで大国主神の御子と書かれ、『先代旧事本紀』は大己貴神（大国主神）と沼河比売（奴奈川姫）の子とした（これは天津・奴奈川神社と同じ考え）。しかし諏訪現地ではタケミカヅチにあっさりと負けて出雲を捨ててきたような神は祀りたくないという心根がある。だから主神であるにもかかわらず御柱祭では無縁である。主神のもう一人の八坂刀売神は記紀には出てこないから諏訪特有の神で、建御名方神の妃とされる。地元の伝承では諏訪神社は古来から「ミシャグジ（御佐口神）」信仰だという。

ついでに書いておくと伊勢神宮は天照大御神を祀るのだが、これは美称で、伊勢神宮では「天照意保比流売《あまてらすおおひるめ》」という。

別の伝承もあって、祖父神は意支都久辰為命の子、俾都久辰為命が父で、黒姫命の子であり、姫の子は長男が建沼河男命《たけぬなかわおのみこと》、「越君の祖」とされる。信濃を治めることになるのが建御名方神《たけみなかたのかみ》。もうひとりが須羽君（洲羽国造）がいて守矢氏の祖となったとする。

本場の天津神社並奴奈川神社に拠る伝説は以下のようである。

「(新潟県) 西頚城郡《にしくびき》田海村《とうみ》を流るゝ布川の川上に黒姫山と云ふ山あり、奴奈川姫命《ぬながわひめのみこと》の御母黒姫命の住座し給ひし山なり、山頂に石祠あり黒姫明神と称す、又黒姫権現とも云う、此《こ》の神こゝにて布を織り其《その》川の水戸に持出で滌曝《てきぼう》まししによりて布川と云ふ。

此神の御歌に

ここに織る此の荒たへは

かの海の小島にいますわがせの御衣

黒姫山の半腹に福来口《ふくがくち》と称する洞穴がある。

洞口高百五十尺、横七十尺、遠く之《これ》を望めば門扉を開くに似たり、水洞中より出で流れて川となる即ち布川の水源なり、古昔奴奈川姫命の布を織りし所なり。福来口は蓋《けだ》し夫来ヶ口ならんと。西頚城郡に姫川と云ふ川あり、糸魚川と云ふ町にあり、糸魚川はもと厭川と書きしと云ふ。之れ奴奈川姫命が今日の姫川を渡りなやませたまひてかく呼びたまひしによると。

糸魚川町の南方平牛山《ひらうし》に稚子《ちご》ヶ池と呼ぶ池あり。このあたりに奴奈川姫命宮居の跡ありしと云ひ、又奴奈川姫命は此池にて御自害ありしと云ふ。即ち一旦大国主命《おおくにぬしのみこと》と共に能登へ渡らせたまひしが、如何なる故にや再び海を渡り給ひて、ただ御一人此地に帰らせたまひいたく悲しみ嘆かせたまひし果てに、此池のほとりの葦《あし》原に御身を隠させ給ひて再び出でたまはざりしとなり。

奴奈川姫の命は御色黒くあまり美しき方にはおはさざりき。さればにや一旦大国主命に伴はれたまひて能登の国へ渡らせたまひしかど、御仲むしましからずしてつひに再び逃げかへらせたまひ、はじめ黒姫山の麓にかくれ住まはせたまひしが、能登にます大国主命よりの御使御後を追ひて来たりしに遇《あ》はせたまひ、そこより更に姫川の岸へ出《い》でたまひ川に沿うて南し、信濃北条の下なる現称姫川原にとどまり給ふ。しかれども使のもの更にそこにも至りたれば、姫は更にのがれて根知谷に出でたまひ、山つたひに現今の平牛山稚子ヶ池のほとりに落ちのびたまふ。使の者更に御跡に随《したが》ひたりしかども、ついに此稚子ヶ池のほとりの広き茅《かや》原の中に御姿を見失ふ。仍《より》てその茅原に火をつけ、姫の焼け出されたまふを俟《ま》ちてとらへまつらんとせり。しかれども姫はつひに再び御姿を現はしたまはずしてう

せたまひぬ。仍て追従の者ども泣く泣くそのあたりに姫の御霊を祭りたてまつりしとなり」（以下略）

何を言いたいかと言えば、北陸の多くの神社は大和朝廷史観が混入される前まで、『古事記』、『日本書紀』とは無縁の地付きの神々を祀っていたのだ。大和朝廷が巧妙に記紀神話と強要し、地付き神話の換骨奪胎を図ろうとしたが、それを拒んだ姿勢である。なにしろ『出雲国風土記』にはスサノオの八岐大蛇退治の逸話は書かれていないのである。

のちの大和朝廷が延喜式で認定した神社の神々は大和朝廷史観で創造されている側面が強く、神道古来の神々に加えて大和系が合祀され追認される形が多い。

あの凄絶なほどに哀切な表情はなぜ？

翡翠は装飾としての勾玉が廃れた奈良時代に消え、爾来《じらい》、千数百年も日本文学からも消えていた。

中国人が好む「玉」は翡翠であり、濃緑な石を好むが、日本人は薄い緑が好きである。

この翡翠の再発見は、じつに二千年近く眠った後、１９３８年だった。それまで翡翠はミャンマー産、もしくはシナ産の玉と考えられていた。相馬御風（糸魚川生まれの文学者、早稲田大学校歌の作詩で有名）が、「あれは翡翠ではないか」と言い出すまで地元・糸魚川でも忘れられていた。相馬のヒントで地元で宝探しが始まった。

この日本産翡翠の再発見に松本清張は着想を得た。昭和三十六年（1961）、『婦人公論』に発表したのが短編「万葉翡翠」で中央公論社の担当編集者が澤地久枝だったというのも奇妙な取り合わせである。

冒頭に掲げた万葉集巻十三の和歌

「渟名河の 底なる玉 求めて 得まし玉かも。拾ひて 得まし玉かも。惜《あたら》しき 君が 老ゆらく惜しも」

考古学的な裏付けは当時、國学院大教授だった樋口清之、歌の解釈は中西進が松本清張の相談に乗ったという。

中西進は松本が「得まし玉かも」と読み下した部分の原文は「得之玉可毛」であることから「得し玉かも」とし、「買い求めてやっと得た玉」ではなく「探し求めてやっと拾った玉」と解釈した。外国から「買った玉」にではなく、「探し求めて拾った玉」となれば日本原産になる。最初に「越後国沼川郷」（現在の新潟県糸魚川市付近）に比定したのは本居宣長だった。しかし万葉研究者と歴史学者は無視してきた。江戸時代に日本地図の測量で歩いた伊能忠敬は、この沼川付近で役人たちと問題を惹きおこした。河を測量するに舟を用いるかどうか、という「糸魚川事件」だ。幕府が伊能を支持したので、ことなきを得た。

松本清張の「万葉翡翠」は翡翠原石の場所を探す学生たちが巻き起こす事件が主軸だが、事前の調査を重ね、「ヌナカワ」の地名を残す新潟県東頸城郡と西頸城郡をそれぞれ手分けして探索する。そのうちの一人は名湯「松之山温泉」に宿泊したとある。また準備段階での学生と担任の先生との討議のなかで、契沖《けいちゅう》の『万葉代匠記』に書かれたヌナカワが登場する。これは師匠の事業を受け継いだ契沖の万葉研究を、水戸光圀が支援して完成させたのだが、水戸家の万葉解釈本に使われたため、本居宣長が必死に入手しようとして果たせず、一般向けに上梓されたのは明治時代になった。

ともかく松本清張の小説が現地に与えたインパクトは大きく、本格的探査と採掘が始まり、いまでは翡翠会館が駅前にできて、実際の加工工房の実演販売もするほどのブームを作りだした。

『古事記』の物語るオオクニヌシノミコトとヌナカワヒメとの結婚は、なぜか美的で詩的な浪漫の薫りがあるのだが、実態は出雲の軍事的な高志国併合という政治同盟の確立だった。八千矛の歌とヌナカワヒメの返歌で理解できるように軍事力を前にして降伏したという意味である。

それでは地元新潟県の歴史書では如何に総括されているか、手元にある『松之山町史』の該当個所を読もう。

「スサノオノミコト（須佐之男命）は高天原で乱暴したため追放されて地上に降りてくるが、たまたま出雲国の肥河《ひのかわ》のほとりで、箸が河を流れてくるのを見て、河上に人が住んでいると思い河をさかのぼると、老人夫妻が少女を中において泣いていた」

これが八岐大蛇退治のイントロで、「高志の八岐大蛇が娘を食べにくるのだ」と言われ、スサノオは大蛇を退治した。つまり拡大解釈すれば逆に高志の軍隊がそれまで出雲を蹂躙していたという軍事力の逆転を意味する。

同町史が続ける。

「出雲人は高志を意識していたことは明らかで、オオクニヌシノミコトのヌナカワヒメ求婚説話と共に、出雲・越（高志）両国が無関係でなかったことが分かる」。

無関係どころか深い繋がりがあった。

「古志の八口」はどこ？

『出雲国風土記』にある「天の下造らしし大神大穴持命、越の八口《やくち》を平らげ賜ひて還《かえ》りましし時」となっていて、「（新潟県）岩船郡関川村に八ツ口という地名がある」と関連地名を挙げていることはみてきた。

かくして「神話伝承にも何がしかの史実の投影があるとすれば、大国主命による越の八口平定は、武力を背景にした出雲勢力の越国進出の事実を反映しているとみられる。それを証するかのように、越後では出雲にちなむ地名がある。なかでも三島郡の出雲崎は良寛生誕地として、また佐渡鉱山採掘の御金荷陸揚げ港として知られるが、この町に祀られている熊野神社は古く出雲の熊野神社を勧請したものという。また新井市や越後に近い（長野県）飯山市太田には小出雲《おいずも》という地名がある」（『松之山町史』）。

かような説明が縷々続いている。

ちなみに皇国史観華やかなりし頃の教科書は、このあたりをどう教えていたのか？
戦中は出雲の国譲りのことを美化して教えていた。

「豊葦原の瑞穂の国、その一角の出雲地方には、早くも（天照）大神の御弟スサノオノミコトが降され、賊徒を鎮めて良民をいたわり給い、又、半島地方へも往来し給うた。やがて、その御子大国主神《オオクニヌシノカミ》は、土地を開き、医薬の法などを教えて、民草をいつくしまれ、その御勢力は、とみに盛んとなつた。かくて瑞穂の国は、出雲地方から開け始めたのであるが、なお他の地方には、賊徒が横行し、天の下は、決して安らかではなかつた。大神は、このありさまをみそなわし、御子孫をこの国に降して、安らかに治めさせようと思し召し、先ずフツヌシノカミ（経津主神）・タケミカヅチノカミ（武甕槌神）を出雲に遣わして、大国主神にその御旨を伝えしめ給うた。大国主神は、御子事代主神と共に、大神の勅を畏み、土地を奉還して、杵築宮（出雲大社）に退かれた。君臣の分をわきまえ、勅を奉じて必ず謹む臣道の実は、かくて挙がつた」（復刻版『高等科　国史』、ハート出版）。

このような大人しい従順さという性格はいかにして形成されたのか。高志国出身の人間のもつ特徴について県別に考えてみたい。

古志の国からでた人々の過去、現在を振り返ってみると、なにか著しい特徴があるのではないか。というのも筆者は過去に『出身地でわかる中国人』（ＰＨＰ新書。改訂版がワック）を上梓してロングセラーとなった。読書人の関心の高さを示すと判断出来るし、テレビでは県民ショーとかの番組もある。高志国は若狭、越前、加賀、能登、越中、越後、そして庄内の南部までが最大の範囲であったとすれば、この日本海側の中央部から輩出した著名人とその活躍した分野を追求し直すのは意義が深いのではないか。

北からみていくと、庄内を代表する近代の人物と言えば、幕末の策略的尊王家の清河八郎、戦前『世界最終戦争論』を唱えた石原莞爾、戦中から戦後にかけての思想家に大川周明がいる。論・文壇では渡部昇一、藤沢周平、丸谷才一らはいずれも旧庄内出身者である。

新潟県（越後）を代表する典型はシャンソン歌手の越路吹雪《こしじふぶき》。政治家はなんといっても田中角栄、異色なのは三島由紀夫が『宴のあと』でモデルにした有田八郎。思想では国家社会主義を説いた北一輝だ。文学者では詩人の西脇順三郎、無頼派作家の坂口安吾、『徳川家康』の大ベストセラーを書いた山岡荘八、ジャーナリストの桜井よしこ、国際スターの渡辺謙がでた。

富山県からは正力松太郎、松村謙三ら大物政治家もいるが、文学では角川源義、堀田善衛、宮本輝、池田弥三郎、源氏鶏太、論壇では佐伯彰一、画壇では山下清、ノーベル賞は田中耕一、利根川進。富山は進取の精神が盛んで財界人が多く河合良成（コマツ創業者）、安田善次郎、吉田忠雄（ＹＫＫ）らがでた。

石川県（加賀、能登）からは鈴木大拙、西田幾多郎という哲学者系。泉鏡花、徳田秋声、室生犀星、杉森久英らの文壇人。横綱の輪島、野球の松井秀喜。

福井県（若狭、越前）からは岡倉天心、平泉澄、異色の政治学者に若泉敬、作家の水上勉、津村節子、歌手の五木ひろしは若狭の三方郡である。

ほかにも列記すれば際限がないけれども、総じて特徴があるのは思想家、作家が多い反面、歴史的に政治を画期するような政治家、革新家は少数である。権力志向の政治となると薩摩、肥前、土佐、長州勢に敵わない。だから政治評論家も少ない。ところが思想、文学となると他の都道府県に比べて目立つほどに、昭和維新のイデオローグとなった北一輝、大川周明、近代思想界の鈴木大拙と西田幾多郎らが生まれている。雪国の特徴は屋外より屋内の思索に生活の場があるからかも知れない。このような特徴は高志国の人々のＤＮＡを引き継いだからと考えてもよいのではないか。

郷土史家らは生誕地探訪にでた

地元郷土史家に貴重な意見がある。

ヌナカワヒメの生誕地を探検した土田孝雄は、その著書『奴奈川姫賛歌』（奴奈川姫の郷をつくる会発行）のなかで、天津神社に関して、こう言う。

「越後の国の糸魚川になに故に天津の神々の三神、しかもいずれも、祭祀を司る重要な力を持つ神々である。天太玉命、児屋根命はニニギノミコトとともに天照大神を岩戸からおびき出した強力な霊力を持つ祭神である。あえてここ糸魚川の奴奈川姫と八千矛命を祀る地にこの三神を配したのか。その背景を十分考え合せると、出雲と奴奈川の連合と建御名方命の抵抗勢力をひかえ、ヒスイ製の玉類のみならず、各種玉作りと特殊な祭祀を掌る奴奈川勢力の抑止に天孫系の強力な祭祀系三神をおくりこむことは、当時の奴奈川勢力を十分考慮し、怨を封印するのにもっともふさわしい三神を持ってきたのであった。これ以上の神々を地方の国津神にあてがうことはなかった」

ヌナカワヒメの誕生地は糸魚川市能生島道地区にあったと地元の郷土史家は実際に探査

した。巨大な磐の洞窟があり、しかも巨岩は巨根を形取っている（この報道は読売新聞が平成18年7月6日付けでも伝えた）。

『新潟県史』などによると、その後、出雲は天照大神の指図通りに、ヤマト王権と妥協して国譲りを行い、結果、高志国は自動的にヤマト王権に服属したとの説明がある。崇神天皇以後、大和朝廷の行政区分に組み入れられることとなった。弥生時代には古墳の造営が越後にも普及してきた。

「四世紀後半から七世紀ごろまでの古墳が南魚沼郡の六日町や高田平野の南部・東部に集中し、新潟平野の西部南部にも散在する。（中略）古墳時代における大和政権の北進は、陸海二つのルート」（『松之山町史』）があったとする。

『日本書紀』の崇神天皇の四道将軍派遣についてはみてきたが、『古事記』垂仁天皇の個所に、白鳥の鳴き声を聞いたオシの息子がものを言おうとしたため、垂仁天皇は山辺大鶙（天湯河板拳ともいう）に命じて白鳥の捕獲を命じた。紀伊、播磨、因幡、丹波、但馬、近江、美濃、尾張、信濃とまわり、ようやくにして高志で捕獲したという記事がある。

さて崇神の御代にもう一度溯って、大和朝廷に下った高志国は統治機構も朝廷のシステムにしたがうことになり、国造《くにのみやつこ》を佐渡、深江（蒲原郡）、長岡（越後国古志郡）、そして上越（久比岐＝くびき＝現在の頸城郡）の四個所においた。この時期は五世紀から七世紀で古墳時代と重なる。それ以前、頸城郡、魚沼、古志、蒲原の四郡は越中に属していたが、大宝二年（702）に越後に編入された経緯があった。

国造の下に国司がおかれ、郡には郡司が置かれるという中央集権の統治システムが構築され、国司は中央政府が派遣した。郡司は当該地区の豪族から有力者が選ばれ、越後国司の初代は威奈大村だった。慶雲二年（705）、この国司は頸城郡に居たらしく翌年には越後守となって越の北部にいた蝦夷を鎮撫したことで軍功を挙げたとされる。越に大和朝廷になじまない蝦夷がいたのだ。

こんにちの地名は頸城郡だが、万葉仮名の久比岐である。この「岐」は分かれ道、追分であり、交通の要衝を意味する。頸城となると軍事要塞を意味し、『国史大事典』（吉川弘文館）に拠れば、「諏訪盆地を経て北進した中央勢力が、関山を越えた丘陵の頸部に設置したキ（城・柵）ないし関を指す」。

この柵がどのあたりだったかは不明だが、おそらく十日町から松之山にかけてではなかったか。

頸城郡の一帯は旧石器時代には波打ち際で海は目の前にあり、土砂、泥、木片が堆積していた。そのうえ活発な火山活動があった。土地が隆起し陸域になった。

石器時代後期には妙高の火山爆発によってカルデラが形成され、紀元前三千年から二千年の間の縄文期に十文字遺跡、深谷遺跡などが形成された。いまでこそ山奥のイメージがあるが、縄文時代は先進地域だったと理解できる。なぜなら周辺に多くの縄文遺跡、住居跡、貝塚が発見されているからだ。

崇峻天皇二年（589）、阿倍臣が北陸道使として派遣され、越後国境を視察した（日本書紀）、久比岐国が頸城郡となったのは大化の改新の年（645）だった。三年後に磐舟柵が設置され蝦夷にそなえた。磐舟柵は新潟県村上市の岩船地区に鎮座する磐船神社の周辺である（178頁のコラム参照）。

村上市の磐船神社は「石舟神社」と現在は表記しているが、境内にはちゃんと「磐船柵跡」と大きな石碑がある。やはり該当地は、ここだろうと推定していたが境内の広さから政庁としての機能があったのではないか。あるいは付近に造成され、石碑だけ記念碑として設置したのかも知れない。

蘇我氏に敗れて古志に逃れた物部氏の一部が村上にも逃れてきて、この地にニギハヤヒをまつる神社を創紀したと伝えられる。とすれば磐船の謂われはニギハヤヒが乗ってきた天磐舟であり、そのお伴だった物部氏が濃厚に絡むのは当然だろう。

地図から判断しても、すぐ近くに岩船港、西海岸は海浜で、この通りの北側が瀬波温泉郷である。市内には塩引き道と呼ばれる道路もあり、しかも磐船神社のお祭りは舟を形取った御輿を山側へあげるという珍しい行事である。

芭蕉は、瀬波温泉に二泊したと曾良《そら》は書き残した。この地で詠んだのは

「花咲きて七日鶴見る麓かな」

「文月や六日も常の夜には似ず」

この句碑も同神社境内にある。

方言に共通点がある高志と出雲

斉明四年（６５８）に阿倍比羅夫は蝦夷を征伐したという記録が残る。

天智天皇七年（６６８）に越国から燃える土（石炭でなくアスファルトだろう）、燃え

る水（石油）が大和朝廷に献じられたそうだ。越後は日本では珍しく石油を産する土地でもある。村上市の沖合に海洋リグが構築されており、現在も原油（年間8万8千トン）とガスを生産している。

北陸方言は昔の高志国の領域に共通するもので、現在の行政区分でいう新潟県の佐渡島と糸魚川市旧青海町、富山県、石川県、福井県嶺北地方で使われる方言である。音韻体系が裏日本特有であり、かつ出雲方言との共通点がある。

このポイントも重要だろう。佐渡、富山県、および能登では「シ」と「ス」、「チ」と「ツ」、そして「ジ」と「ズ」の混同がある。たとえば四方八方はスホーハッポー、ゴジラはゴズラとなる。

東北弁とはやや異なり、たとえば会津若松では「桐」というとき、「チリ」となって、「キ」と「チ」が混同する。山形県から秋田、津軽にかけてはズーズー弁となり、北陸方言とは異なる。つまり大和朝廷は、古志を統治するまでは容易だったが、新潟以北の蝦夷を従えるに苦労を要したのも言葉が異なったことも大きな要因であろう。

近世以降は若狭は京都弁となり福井、石川、富山の東部は前田利家の影響下にはいったため尾張弁と京言葉が多数混ざるようになった。

言語学界では嶺南地方の方言を近畿方言に分類、新潟県越後は佐渡方言とは異なり、東京のアクセントとなった。理由は戦後の集団就職である。田中角栄の後援会を「越山会」と呼称したのは何故か、越後の山を雪をかき分けて越えた情念。上杉謙信が雪の季節には川中島から退陣を余儀なくされたように、あるいは戦国期、富山を治めた佐々成政が厳寒の立山を越えて浜松にいた家康に会いに行った（さらさ越え）ように、雪は言葉を塞いできたのだ。

仏教以前と以後

高志国の時代に日本海側に仏教は入っていない。

当然、死生観は異なり、葬送のやりかたも異なった。持統天皇が日本史で初めて天皇の火葬儀式を執り行った。これは日本人の死生観に仏教の影響が、強烈に混入したからである。

古志の大王から即位した継体天皇の御陵は、高槻市の今城塚古墳だ。前方後円墳だが外堤防に夥しい埴輪を陳列したことで話題を呼んだ。宮内庁は別の古墳を治定しているが、歴史学界は今城塚とほぼ断定している。

継体天皇陵にある無数の埴輪

継体天皇陵

行ってみると、まるで埴輪展示場なのである。全長が350メートル、幅が340メートルもあって、淀川流域で最大級。埴輪も最長が1・7メートルの家形埴輪やら防人、巫女、馬や鶏の埴輪などが発掘されている。これだけを見ても当時の継体天皇への評価が判定できる。ちなみに仁徳天皇陵（大山陵古墳）は全長が840メートル、幅は654メートル（いずれも壕を含める）。

古代神道の起源は自然崇拝である。山、河、磐石、巨木、そして海や天、これらの神々を崇高な神々として祀った。したがって本殿もなければ鳥居もなかった。神社の基本形である本殿、拝殿、鳥居は仏教伝来以降に区別が必要とされ、定まったと考えられる。

古来神道の御神体は山（三輪神社、弥彦神社、戸隠神社など）、河（各地に「水神社」がある）、磐座信仰は天の磐戸、イザナミを祀る花窟神社は四十五メートルの磐々が参拝の対象であり、出雲にはスサノヲを祀る須佐神社、その奥宮は巨岩である。また巨木信仰は御神木があって注連縄《しめなわ》で飾られているように全て自然が信仰の対象である。これらは人間の智慧では計り知れない超常現象をもたらし農耕が発達すると太陽信仰が顕著になる。

「主として山中で出くわす巨岩奇石に畏怖の念を抱き、これを神の依る磐――磐座とみなして祭祀の対象とする」（中略）のが出雲系の特色だが、理由は「顕著な鉱山の開発、ことに鉄生産の仕事と深い関わりがある。工人たちが鉱脈の探索で山中を巡る間に出会った巨大な岩塊、奇怪な巨石に特別の思いを出だした」からだ（村井康彦『出雲と大和』、岩波新書）。

弥生時代中期から日本に伝来した仏教は、公式的には西暦538年とされ、仏像と経典がどっと入ってくるとシナへの憧れも同時に強烈なものとなった。

浄土信仰、厭離穢土であって、死ねば極楽へ行く思想でもあり、葬送のやり方に劇的な変化が生まれた。それまでは土葬であり、人々はつねに死者との対話があった。魂は肉体を離れるとした仏教では火葬が普及し、高貴な人々の葬送だけが土葬《もがり》として残った。歴代天皇で最初の火葬は持統天皇だが、これは、例外である。最近は墓地、墓園を「アフターライフ・レジデンス」などと言うらしいが、死後落ち着く場所を古代の人々は尊重した。

仏教が本格化すると、古代から自然信仰を報じる人々は不満を募らせていた。

大化の改新は、この仏教vs古代神道の対立構造のなかから引き起こされた。幕末に廃仏毀釈の熱風があったが、最初の廃仏毀釈は六世紀である。渡来人たちが最初に信仰し、この宗教の利用を政治的に思いついて仏教を奉じた蘇我氏の勢力が古代神道を尊ぶ物部氏を滅ぼし、以後、大和朝廷は本格的に仏教を取り入れる。その絶頂は東大寺大仏を建造した聖武天皇だった。

乙巳の変の天智天皇から奈良大仏の聖武天皇までの宮廷歌人には額田女王、大伴家持、山上憶良、山部赤人らがいるが、シナの教養を身につけると同時に大和言葉で和歌を詠んでいる。

芭蕉が辿った古志の路

さて近世になって俳聖松尾芭蕉が、『おくの細道』で、陸奥から山越えをして出羽に入り、北から越後、越中、加賀、越前を吟行を続けながらの大旅行を敢行した。途中、加賀までは弟子の曾良が同行した。

出羽へ南下する前に秋田へ立ち寄り、「江上《こうしょう》に御陵《みささぎ》あり、神功皇后の御墓と云う」と記して、伝承の御陵も見学している。その上での感想は「象潟《さきがた》はうらむがごとし。寂しさに悲しみをくはえて、地勢魂をなやますに似たり」（岩波文庫版、53頁）。

この象潟は現在の秋田県由利郡象潟町だと江戸時代の解説書『菅菰抄《すがごもしょう》』は分析している。

「象潟や雨に西施《せいし》がねぶの花」

芭蕉は古志の路に入った。

「酒田の余波《なごり》日を重ねて、北陸道の雲に望。遥々のおもひ胸をいたましめて、加賀の府まで百三十里と聞」。

「荒海や佐渡によこたふ天河」

親知らずから黒部の海岸沿いを徒歩し、倶利伽羅《くりから》峠を越えて金沢へ着いた。

「あかあかと日はつれなくも秋の風」

小松では武将を弔いがてら一句。

「むざんやな甲（かぶと）の下のきりぎりす」

吉崎から永平寺に立ち寄り、ようやくにして敦賀に到った。敦賀の宿で、芭蕉は書いた。

「その夜、月殊に晴れたり。『あすの夜もかくあるべきにや』といへば、『越路《こしじ》の習ひ、猶明夜の陰晴はかりがたし』と、主に酒すすめられて、けいの明神（気比神社）に夜参す。仲哀天皇の御廟也。社頭神さびて、松の木の間に月のもり入たる、おまへの白砂霜を敷る如し。往昔、遊行二世の上人、大願発起のこと有りて、みづから草を刈、土石を荷ひ、泥渟をかはかせて、参詣往来の煩なし。古例今にたえず、神前に真砂を荷ひ給ふ」

この紀行文にある「けひの明神」がすなわち越前一宮、気比神宮である。江戸時代にはけひの明神と呼ばれていたことも分かる。高校野球の福井県代表（令和三年夏）は「敦賀気比高校」だった。

越前朝倉攻めのときに織田信長が焼き払った。越前は織田氏先祖の出身地であるにもかかわらず。大東亜戦争でも空襲を受け気比神宮は全焼した。現在の荘厳な御社は戦後に再建されたもので、大きな鳥居をくぐった場所に芭蕉の石像と句碑がある。本殿（本宮）は地元の神、伊奢沙別命《いざさわけのみこと》を祀り、気比主祭神である。「気比大神」または「御食津大神《みけつ》」とも称される。そして第十四代仲哀天皇と神功皇后を祀る。神功皇后が新羅征伐ののちに皇太子の応神を敦賀に送り、禊ぎさせたおりに現れた神がイザサワケで、応神と名前を交換した。この地元の神の名前を交換したという逸話がさりげなく『古事記』に挿入されているが、これは古志と大和朝廷の一体化を寓話に仕立てたと考えるべきだろう。

翌朝、名前交換の証として浜に大量のイルカが献じられたので御食津《みけつ》大神と称せされた。この話を聞いて現場を見に行った芭蕉は詠んだ。

「月清し遊行のもてる砂の上」

全編を読んで、なぜか、芭蕉は古志の路で悲しい、淋しい句ばかりを並べていることに気がつく。いにしえの高志国の殷賑は遠い昔に去って、江戸時代の北陸路は寂寥に満ちていたのだろう。芭蕉の旅は元禄二年五月十六日に深川の庵を出て、八月十二日の暑き盛りに関を越えて越後へ入り、敦賀到着は九月二十七日のことだった。

第三章　継体天皇は高志の大王だった

継体天皇の謎

皇位継承問題を審議する有識者会議は令和三年七月に中間報告をだした。論点は皇族数を確保するため（1）女性皇族が婚姻後も皇室に残る。（2）旧皇族の男系男子が皇族復帰するという二案を基軸として、「女性宮家の創設」など微妙な問題の結論は先送りした。巷間では女性宮家、女系天皇論が喧しく、唐突に第二十六代の継体天皇が俎上にのぼった。つまり継体天皇に万世一系の正統性はあるのかという政治的意図を含んだ議論だ。

五代遡って即位した継体天皇は「血統が不明」「出身地が怪しい」という。GHQに洗脳され面妖な歴史教育を受けた国民の多くは男女同権、フェミニズムの論理、LGBT議論の延長で「女性宮家」「愛子天皇」に賛成を表明している。左派系メディアの情報操作の悪影響が大きい。この文脈から継体天皇即位への疑義が歴史学界で改めて拡がった。

「（オドノが応神五世孫というのは）後世の律令にみえる皇親の観念による造作とみてよかろう」とする笠原英彦は、『歴代天皇総攬　増補版』（中公新書）のなかで言う。

「朝廷では皇位継承争いの激化にともなって、大和政権の求心力は著しく低下し、地方豪族の叛乱が各地で頻発した。こうした政権の不安定化を背景に、畿外より継体の擁立が画策されたと見られる（中略）。継体は皇統の人でなかった可能性が高く、皇女（手白香）を嫁がせることで即位の正統性が承認された」。

戦後史家の合理主義への傾斜がこのような一見すると、科学的な意見を蔓延《まんえん》させるのだろうけれども女性宮家、女系天皇論などは左派特有の、まっとうな議論の前提を崩す陰険な手段である。相手の論理基盤を揺らし、自らの土俵に載せるやり方だ。戦後の一時期、盛んだった「天皇制廃止論」が国民の支持を得られないと判断し、長期戦略に切り替えたのだ。

小泉政権の時に、後継皇統が絶えそうだとする雰囲気から有識者会議が開催され、なんとロボット工学の専門家が座長についた。安倍晋三政権を引き継いだ菅政権のもとではメンバーを入れ替えての有識者会議が連続して開催された。国民の関心も深まったのだが、そもそも立太子、皇嗣がおられるのに女系天皇とか女性宮家論を展開すること自体が不敬ではないのか。

「歴史を振り返れば、皇位継承をめぐる危機は何度もあった。しかし、先人たちは、何代にも遡り、男系の血を受け継ぐ傍系から適任者を探し出して皇統を維持した。もっとも顕著な例では、第二五代武烈天皇から第二六代継体天皇までは十親等も離れている。系図を応神天皇まで五代遡り、そこから五世の孫を捜し出し、大伴金村が越前まで迎えに行った。その後も第四八代称徳天皇から第四九代光仁天皇まで八親等、第一〇一代称光天皇から第一〇二代後花園天皇までも八親等、最後に、第一一八代後桃園天皇から第一一九代光格天皇までは七親等離れている。困ったときは先人に学べばよいのだ」(葛城奈海『戦うことは「悪」ですか』(扶桑社)。

第十四代仲哀天皇と神功皇后との皇子、応神天皇が息長真若中比売《おきながまわかなかつひめ》を娶って生ませた皇子、若沼毛二俣王《わかぬけふたまたのみこと》(雅野毛二派とも書く)の第五代末裔とされるのが継体天皇である(『上宮記逸文』)。

応神天皇は、神功皇后が筑紫の宇美で出産し、帰路に近畿あたりで待ち受けた香坂王と忍熊王の軍事的挑戦を斥け、さらに神功皇后は武内宿弥(建内宿弥とも書く)に命じて敦賀へ応神をさしむけ禊ぎを受けさせた。神功皇后の三韓征伐は敦賀から出発したと言われているから高志国との地縁が極めて深かった。また地元の神と名前を交換したという『日本書紀』の逸話など、古志国との宥和作戦の現れだろう。つまり大和朝廷は古志との関係の深化を意図していたのだ。

武烈天皇がみまかり、天皇空位となったため皇位継承者として最初に発見されたのは第十四代仲哀天皇（応神の父）の五世孫、倭彦王ということになっている。ところが丹波へ迎えに行くと、大勢の行列を前におそれをなした倭彦王は山中に逃げ、行方不明となったと『日本書紀』は書く。これはおそらく作り話である。なぜなら仮宮の痕跡もなければ倭彦王を祀る神社が丹波にはないからである。その倭彦王行方不明事件が前段に作為され、次の皇位継承者は仲哀天皇の皇子、第十五代の応神天皇の五世孫、オホドに絞られたという段取りになる。

記紀を精密に読み直すと、継体より皇位継承にふさわしい、血脈が近い三人の皇位継承候補がいた。専門家の水谷千秋はこういう。

「顕宗、仁賢の弟や武烈の弟、また允恭の孫などがまだ生存していた可能性がある。にもかかわらず、なぜかれらを差し置いて継体が即位したのか」という謎の解明がなされていない（水谷千秋『謎の大王　継体天皇』文春新書）。

橘王（イチノヘオシハの三男）、丘稚子王（允恭の孫）、そして真若王（武烈の弟）の三人が存在していたらしい（真若王は「皇女」として系図に残るが）。この三人の有力候補はどうなったのか。それが丹波にいた倭彦王の逃亡という物語に集約させ、曖昧にしたのではないか。継体天皇は事前にそのことを知っており、なかなか越前から腰を上げようとせず、河内の馬飼首荒籠《おびとあらこ》らに精密な情報を探らせていたことにならないか。

首荒籠はたんなる馬飼ではない。外交、軍事で活躍した有力豪族であり、一族のなかでも河内国馬飼御狩は朝鮮半島に派遣された将軍の従者に名前がある。

他のひとりは外交使節をもてなす接待施設の修理工匠でもあった。軍事的要素を勘案すれば馬は兵隊の進軍、荷駄運搬の重要な役目を担い、馬飼首荒籠が物部、大伴、そして阿倍氏という軍事を担った側近と親しい間柄にあった。物部、大伴、阿倍氏に関しては後節に詳細をみる。

ともかくオホドが即位を三回、躊躇《ためら》ったという逸話の背景には前述のようなどろどろした政治闘争の背景があったのだ。

継体天皇の足跡を歩いてみた

継体天皇伝説が残る場所を歩いた。

第二十五代武烈天皇の早世により「天皇空位」となって、畿内の有力豪族だった大伴金村や物部麁鹿火《あらかび》、巨勢《こぜ》氏らが継体天皇の擁立に動いた。注目すべきは当時の大和王朝の最大・最強の実力者だった大伴と物部が雁首そろえて越前の「てんのう堂」にお迎えに行ったという事実である。

このてんのう堂は、福井市より北、丸岡から東の山麓、どちらかと言えば石川県に近い。古志国の入口の敦賀より遙か北側であり、相当に深い場所にまで迎えに行ったという史実は重要だろう。

福井市の桜の名所は足羽山。その山頂に佇立する継体天皇の巨大な石像を見上げると、大男で肥満体だが、悠揚迫らぬ笑顔が印象的である。表情はいささかユーモラスで大柄な体格にふさわしく寛大で、懐深い有徳の天皇だったという印象を抱く。

継体天皇は通称オホドと呼ばれた。福井県民からはたいそう慕われている印象がある。なにしろ大和朝廷が扱いに苦労した高志国連合から初めて天皇に即位したのだから。

この皇統譜を画期した出来事は、大和王朝に服属していたかに見えた高志国が面従腹背の状況から大和朝廷の内側へ入ることによって、統一国家への協力姿勢を示したという意味をもつ。こういうアングルで継体天皇を論じた歴史家はほとんどいない。

継体天皇記を『古事記』はさらりと書くが、『日本書紀』には長い記述がある。書紀は皇統譜の正統性を力説する正史ゆえに継体天皇の由緒正しさに重きを置いた。継体天皇を五代遡ると応神天皇に行き着く。応神は子宝に恵まれて、じつに26名の御子。このうち男子は11名である。このなかの若野毛二股の子が太郎子、またの名を意富富杼《おほほじ》と言い、「三国君の祖」となっていた。

「越前の大王」だったオホドが最初のうち即位を躊躇った理由は、応神天皇の子孫とはいえ、高志の豪族を大和朝廷が、いかに受け入れるのかという歴史意識の問題があった。近畿豪族の間には自派に有利なようにと熾烈な争いがあった。

越前には河内、百舌《もず》に匹敵するような大規模な古墳が造成されている。富と軍事力にぬきんでた「大王」が存在していたことは古墳群でも明らかで継体天皇の一族だった。現在の行政区分でみると福井市を囲む越前市、坂井市に古墳が集中している。高速道路でいえば女形谷《おながた》インターから降りた山麓地帯周辺である。

応神天皇の皇子らは地方に散って土地の有力者となり、オホドが最大勢力となっていた。

足羽山（福井市）にある継体天皇の石像

福井県に継体天皇を祀る神社は三国神社、足羽神社を筆頭に十五社、石川県に一つ、ほかに境内社が三つ。合計19社がある。

他方、一部の説ではオホドは近江の三尾（滋賀県高島町）育ちと言われるけれど滋賀県に継体天皇を祀る神社はない。父君の彦主人王を祀る田中神社、母親の振媛を祀る水尾神社、そして継体天皇の息子の安閑天皇を祀る神社は滋賀県高島にある。湖西線の安曇川《あどがわ》駅で降り、田圃道を二十分ほど歩くと、民家の庭に小粒な祠がある。これが安閑神社だが、あまりに小規模で目立たない。筆者は安曇川の町を一時間ほど彷徨った。道を訪ねて

大伴と物部が継体天皇を迎えに来た「てんのう堂」(丸岡町)

オホド大王が越前大王として執務した高向宮の跡が残る高向神社

も新興住宅地の通勤族だから知るよしもなかった。

福井県坂井市丸岡の女形谷には継体天皇を大伴と物部が迎えにきて面談したという伝承地「てんのう堂」（坂井市丸岡町女形15－7）が古墳群の麓に遺る。またオホド大王が越前大王として執務した高向宮の跡は高向《たかむく》神社（坂井市丸岡町高田1－7）になっている。

オホドが越前国で最も力を入れた事業は水利、とくに堤防づくりだった。

越前平野の大治水事業を展開したが、九頭竜川の治水工事は難儀を極めた。当時のまつりごとは治水によって評価される。現在はみごとな水田が拡がり、人々に安定を運んでいる。この事業を行うには有力な豪族が、強力なリーダーシップを発揮しなければ実現できない。継体天皇の指導力は財力と計画性をもっていたのだ。

継体天皇の先祖とされる応神天皇は、神功皇后が筑紫の宇美で出産した。新羅征伐の帰路に待ち受けた賊臣を平らげ、さらに神功皇后は武内宿弥に命じて敦賀へ応神をさしむけ禊ぎを受けさせたことは述べた。高志国との地縁が極めて深かった。

北畠親房の『神皇正統記』は継体天皇は第二十七代と記している（神功皇后を第十五代としているからだ）。その高い評価を岩波文庫、岩佐正校注本から抜粋する。

「継体天皇は応神五世の御孫也。応神第八御子隼総別《はやぶさわけ》の皇子、其子大迹《おほと》の王、其子私翡《しひ》の王、其子彦主人の王、其子男大迹《おほと》の王と申は此天皇にまします。御母振姫、垂仁天皇七世の御孫なり。越前国にましける。武烈（天皇）かくれ給て皇胤《こういん》たえにしかば、群臣うれへあげきて国々にめぐり、近き皇胤を求め奉けるに、此天皇王者の態度まして、潜龍の勢い、世に聞こえ給けるにや。群臣相議《あいはからい》て迎え奉る。三度まで謙譲し給けれど、ついに位に即給《つき》ふ。（中略）即位し給しより誠に賢王にましく〳〵き。応神御子をほく聞之給しに、仁徳賢王にてましく〳〵し」（71〜72頁）。

ならば慈円の『愚管抄』（1220）は、継体天皇の即位と、その治世をいかに評価していたのか。中世になると過去の歴史を客観的に見ることができた。どのような議論があったのかを『愚管抄』はこう言う。

「（武烈は崩御したが）皇子ももうけたまはで、失せたまひにければ、国王の種なくて世の嘆きにて臣下集まりて越前国に応神天皇の五世の皇子おはしましけると、求めいだしまいらせて位につけまいらせる」（大隈和雄現代語訳。講談社学術文庫）。

継体天皇を支えた大伴、物部氏たち

臣下が合議とあるのは、大伴、物部氏らである。後年、筑紫君磐井の乱への軍派遣、将軍を誰にするかなどの重要な「御前会議」には継体天皇を支えた有力豪族のなかでも「大臣」「連」「大夫」の肩書きを与えられた豪族が参画した。

物部氏を祀る石上神社は武器庫とも言われた。また後年、蘇我氏との政争に敗れて物部宗家は滅亡したが、一族のなかには臣、連に連なった顕官を輩出している。実態としての物部氏はモノを生産管理する職から呪術を操るモノノケ、そしてモノノフ（武士）として絶大なる功績をあげて天皇側近になった。軍事・警察ばかりか祭祀方面でもすぐれ、同時に技術生産集団を統率した。その証しとして物部神社は古志の諸所にあるばかりか、東海、山陽、出雲、西街道にも多い。物部氏の勢力がいかに強大であったかを物語るだろう。

しかし物部氏は七世紀後半に起きた壬申の乱で判断を誤り、大友皇子側についたため天武天皇側についた大伴氏とは命運を分けた。没落後、物部氏は石上氏を名乗った。

三輪山近辺が拠点だったのが阿倍氏と大伴氏である。阿倍氏は崇神天皇が各地へ派遣した四道将軍の筆頭・大彦命の裔、とくに阿倍比羅夫が三回に亘って古志に遠征し蝦夷を退治した。さらに後世、唐へ派遣され顕官となった阿倍仲麻呂はこの家系である。

大伴氏は国司として古志の越中に赴任した大伴家持が歌人として有名だが、その前にも継体天皇を古志から迎えるために三国へ赴いたのが大伴金村と物部麁鹿火だったことを改めて明記しておきたい。

大伴と物部は協力しあい、オホドの即位に反対し権勢を誇った平郡《へぐり》一族を討った。

大伴家持は後年の藤原種継暗殺事件に連座して栄誉を剥奪されたが、すぐに名誉回復しており、一族の多くはその後も大和朝廷に仕えて立身出世をとげた者が目立つ。そもそも大伴氏は「伴」に由来し、古代より伴造《とものみやつこ》を率いた。最初に確認される拠点は橿原《かしはら》だが、のち高市《たけち》へ移動し、さらに十市《といち》へ移った。蘇我氏が飛鳥で勢力を蓄えだしたからである。

遠祖から天皇家に仕えて近衛兵的な役割を担い、武備に秀でた一族が大伴氏だった。大伴家持が選んだ古代詩に♪「大君のへにこそ死なめ」とあるように尊王家である。景行天皇の御代にはヤマトタケルに随伴し、雄略天皇の御代には反乱軍を鎮め、また雄略天皇のあとの星川王子の乱でも平定に奔走した。七世紀末の皇居正門は「大伴門」（後の朱雀門）だった。大伴金村以後、大伴氏は軍人としてばかりか外交方面でも辣腕を発揮した。大宝律令から延暦十一年（792）までに大伴一族で大納言、中納言、参議を務めた者は十名に及ぶ。これらの豪族の長《おさ》が越前へオホドの即位を促すために出向いたのである。

中世の史家はちゃんと理解していた

さきの『愚管抄』の継体天皇論を続けると、

「年ごろ田舎にて民の様をもよくよく治しめして、この御時ことに国もよく治まりて皇子三人次第に位につかせ給にけり」。

越前を長きに亘って治めた経験があり、その後も皇子が続けて皇位に付いたと、高い評価を慈円が与えている。つまり平安時代に、継体天皇は真っ正面から評価されていたのである。

敗戦後、邪《よこしま》な思想が日本に跳梁跋扈する前まで継体天皇が皇族の血脈のない王朝交替だったとする論は存在もしなかった。

「越前」は高志の玄関口に位置し、良港と言われる敦賀と三国湊がある。継体天皇は三国で育った。近江の三尾（滋賀県高島）説だと、都に近すぎるため発見に遅れがあるとは考えにくい。近江は日本商人の発祥の地と言われるが、その意味するところは、情報の交差点でもあり、物流の中継地であった。生産地でも港湾地区でもないが、河川を利用した物流と情報の要衝である。

大伴金村と物部麁鹿火が迎えに行くと、オホド王は「天子の風格」があり、すぐには承諾しなかった。交易ルートを通じて畿内の豪族の動きなどの情報を集めていたのだ。

オホドは越前からいきなり畿内へは入らず樟葉丘（枚方市）に仮宮を造成して即位した。熟慮の末、地政学的な考慮が優先した。現在、枚方市樟葉丘にある交野《かたの》天神社境内の小さな丘が樟葉宮跡《くすはのみや》と伝承されている。樟葉駅から徒歩三十分ほど、行ってみて驚いたのは小高い静かな住宅地のなかに突如出現する原始林、その中に神社が鎮座し、樟葉宮跡はその本殿の奥にある。台風の被害で原始林がかなり倒れ、業者が工事をしていた。

この樟葉宮の場所は地政学的要衝である。

五年後に都を移して筒城宮《つつきのみや》（京田辺市）とし、さらに七年後に山科の乙訓《おとくに》（「弟国」とも書く。長岡京市あたり）に遷都した。かくして十九年後に玉穂宮（桜井市あたり）に入った。

後者二つは伝承地らしい場所はあるが、特定されておらず石碑もない。樟葉宮跡と二番

筒城宮跡地（京田辺市）

樟葉宮跡地（枚方市）

目の筒城宮跡は石碑がいくつか残る。

筒城宮跡は近鉄の同志社大学前（京田辺市）でおりて坂道を一キロほど登る。学生らはすいすい先を行くが、筆者は汗をかきながらゆっくりと登った。同志社大学の正門を越え学生会館を右手に鬱蒼として小高い藪道がある。これを登ると宮跡である。

いずれも共通項がある。縄文人集落と同様に段丘に位置し、水源に近く見通しのよい場所を選んでいるという戦略的な立地条件の判断である。

樟葉《くずは》は牧場に適した土地で馬の飼育、訓練場を兼ねたうえ、日本海の産物を琵琶湖を経て淀川水系にいたる水上ルートを抑えていた。この要害を最初の御所としたのである。

これらのポイントをまとめると、次のようになる。

樟葉は『古事記』にある「久須婆」である。古くから交通の要衝として知られ、崇神天皇が大彦命を高志に派遣する途次、反乱を知って軍を立て直し、敵軍を追い詰めたのが久須婆で、文中に「久須婆の度《わたし》に到り」とある。つぎに幼き日の顕宗、仁賢天皇が父のイチノヘノオシハを雄略天皇に殺され、逃げるときに「久須婆の川を逃げ渡りて」と地名が銘記されている。実際に淀川の川幅は広く、いまでこそ橋が架かっているが、当時は橋などあるわけがない。

イチノヘノオシハを天皇として記載しているのは『播磨国風土記』である。『古事記』はイチノヘを市辺之忍歯王とし、『日本書紀』は市辺押磐皇子と表記しているが天皇とはしていない。播磨はイチヘノオシハに皇子が二人隠れ住んでいる関係もあって、風土記はイチヘノオシハを天皇とした。

淀川水系の要衝を移動した継体天皇の宮

筆者は高槻で今城塚遺跡（継体天皇陵）を見てから枚方へバスで向かったが、県道が一本しかないため交通量は激しい。枚方の北側の川沿いの高台が樟葉丘で、この住宅地の奥が樟葉宮だった。三番目の皇居となった弟国（乙訓）宮は現在の長岡京市北部が有力と考えられている。宣長の『古事記伝』には「井乃内村、今里村の辺なり」とある。

この井ノ内では長岡第十小学校の建設時に埋蔵文化財の発掘調査が行われ、「弟国」と記された奈良時代の墨書などが出土した。また井ノ内車塚古墳や井ノ内稲荷塚古墳など長岡京市北部に古墳群がある。これらの古墳は継体天皇即位後に一気に出現している。「弟国宮」の跡地はこの周辺なのだが、特定されていない。

要は淀川水系にある。石清水の北側が桂川と木津川が合流する地点だ。

継体天皇の宮は、この淀川水系の重要な要衝を移動したことが分かる。最初が樟葉宮、そして南東の筒城宮へ移動し、三番目がぐっと京都寄りの北へ、つまり弟国宮（長岡京市）へ移動したのだ。木津川は三重県伊賀市東部からの流れと、鈴鹿山脈の油日岳（標高694メートル）からの柘植川、布引山地の笠取山（標高845メートル）からの服部川が伊賀市北部で合流し、さらに京都府相楽郡南山城村で高見山地の三峰山（標高1235メートル）を水源とする名張川が加って北へ向きを変え、京田辺市東部から宇治川（淀川水系本流）と、北から流れ込む桂川と合流する。そして淀川の大動脈に繋がる。弟国宮はこの合流地点だった。

十九年間も奈良入りできなかった史実だけを列挙し、近畿豪族は継体

各宮の位置

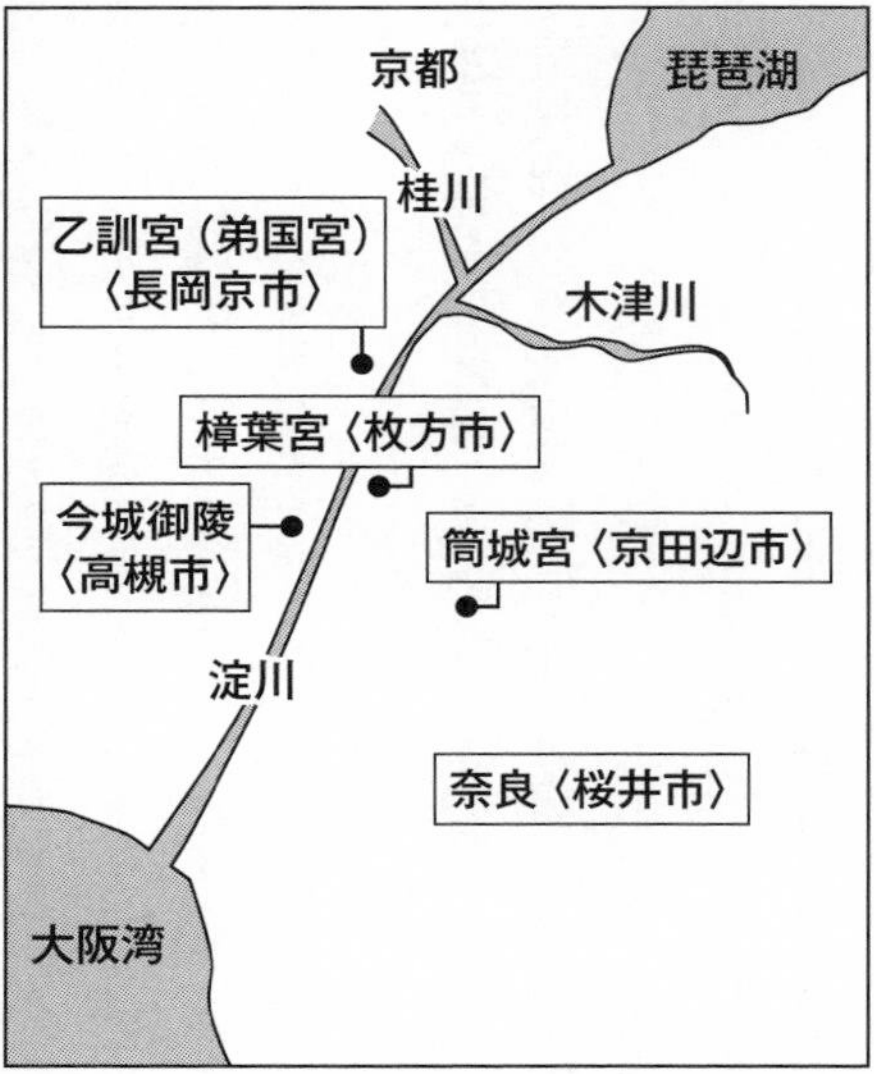

天皇の即位を欣快とはせず不満が渦巻いていたと歴史学者の一部が唱えた。

急いで奈良へ入る必要などはなかった。

都へ入るという強迫観念のような認識は、おそらく継体天皇には希薄だった。たしかに都では物部、大伴、巨勢氏らが継体天皇を支持していたが反対する豪族もあった。とくに反対派の頭目は新興勢力の蘇我氏だった。

継体天皇即位前後の近畿の豪族達の状況をみると、大和朝廷を支えた近畿豪族のなかで、古志との関与が深いのは大伴氏、物部氏、そして阿倍氏である。古志の歴史に、この三氏が重厚に絡む。いずれも飛鳥から奈良を囲む勢力範囲のなかに拠点があり、朝廷に仕えた。

物部氏は石上（天理）を基盤とし、ニニギノミコトの天孫降臨の伴をしてきた由緒ある家柄である。のちに仏教普及をめぐって新興勢力だった蘇我氏との戦いに敗れたが多くは古志へ逃れた。

大伴氏は「伴」に由来し、古代より伴造《とものみやつこ》を率いた。大伴家持は古志の越中国司として赴いた。阿倍比羅夫は古志を拠点に蝦夷征圧に活躍した。これら三氏が協力し、即位に反対して権勢を誇った平郡《へぐり》一族を討った。

こうした点を軽視する近代の歴史家は次の大事なポイントを忘れている。

第一に軍事戦略的発想がない。天武天皇の詔には「まつりごとの要は軍事にあり」と鮮明な表現がある。当時、軍権は誰が握っていたのか。豪族連合は、それぞれが独自の軍事力を扶養してはいたが、まとまりがなかった。軍権は先端的な兵器に加えて、高度な情報収集と分析力に裏打ちされる。

第二に交易ルートの拠点に関する地政学的配慮が近年の歴史学者にはゼロに近い。もっとも戦後長きにわたりヘイワケンポウに浸ってきたのだから発想力が劣化し、戦略的思考が不得手となったのも宜《むべ》なるかな。仲哀天皇、神功皇后の時代から越前の敦賀は明治維新後の横浜港のような殷賑を極めており、能登の福良湊は明治以後の神戸港に匹敵していた。この時代、日本海文化圏は太平洋文化圏より遥かに拓けて繁栄していた。

こうみてくると、貿易の富でパワーを蓄えていた継体天皇は軍事情勢と経済を理解し、統治にふさわしい場所に仮御所を移動しながらも、経済的繁栄を重視した稀に見る天皇だったと言える。

足羽山の山頂に聳える石像

北陸線を丸岡駅で降りた。

無人駅でタクシーの待機はない。駅の待合室にタクシー会社へ直通の電話機があった。結局、タクシーで三個所を廻った。歩くと全部で五時間はかかりそうだった。

「てんのう堂」は巨木の下に祠が置かれ、石碑が建っているだけ。なにしろ千五百年前の出来事だから。高向宮跡もいまとなっては市内の外れ、相当に廃れている印象で、石碑が建っていなければ見過ごす場所にある。地元の運転手も付近の農家に聞いて廻った。

福井駅に降り立つと、ターミナル広場に恐竜の大型模型が何体か展示されている。福井は恐竜王国でもある。

ここでも駅からタクシーを拾った。向かった先はまず高志中学・高校である。高志の名前を残す学校が存在するのだ。運転手は老人で自分も高志中学を出たし、いまは孫が高志高校に通学していますと言った。しかし老人運転手は高志の歴史的な由来について何も知らなかった。地元の人でも戦後の歴史軽視の風潮で、幼き日に教わった郷土史など忘れてしまったのだろう。

高志中学校を撮影後、足羽山へ向かった。継体天皇の石碑に一番近い場所、狭い道路で待機して貰い、百段近い石段を駆け上がる。

たまたま石像のある丘陵の下で携帯電話で会話していた初老の婦人、「いま継体さんの(像の)下あたりにいるわよ」。

足羽山は標高114メートルほどの小山である。公園口から奥行きがあり、敷地が宏大なので緩やかな坂道を登るには結構な時間がかかる。桜の名所でもあり福井市民の憩いの場となっている。児童公園、アスレチック、動物園、この北側の奥まった場所が継体天皇を祀る足羽神社だ。継体天皇は越前の開祖神としても仰がれていた。

同神社の由来書には、こう説明されている。


「応神天皇五世皇孫で、越前の治水事業を行ない、平野を開き諸産業を興された男大迹王《おおとのみこ》が、この越前から第二十六代天皇として即位をされるため、大和へ旅発たれる時に『末永くこの国の守り神とならん』と自らの生き御霊を宮に鎮めて行かれました。それより継体天皇が主祭神として祀られています。

男大迹《オホド》王が、越前国でお過ごしの間に越前平野の大治水事業をされた伝承が残っていますが、その時に越前平野が一望できる足羽山に宮を建て、宮中に祀られている大宮地之霊

（坐摩神）を勧請《かんじょう》し、事業の安全を祈願したのが足羽神社の起源とされています」

九頭竜川の治水工事は難儀を極めた。越前の繁栄は、この河川の治水にあった。この地は江戸時代の越前藩。明治維新の廃藩置県で明治五年に福井県と改称されるまでは足羽県と呼ばれていた。幕末の越前藩主、松平春獄《しゅんがく》は英邁な君主と仰がれた。幕末の四賢公とは薩摩の島津斉彬《なりあきら》、土佐の山内容堂《ようどう》、宇和島の伊達宗城《むねなり》である。

戦国末期、秀吉は柴田勝家を制圧するために福井城を取り囲み、足羽山に本陣を置いた。柴田勝家は後妻で信長の妹・市《いち》とともに自裁したことは有名な悲話だ。福井市民は秀吉と、越前一乗谷の武将、朝倉氏を滅ぼした信長を恨み、市内にある柴田神社への参詣が多い。主神は勝家、妻の市を配祀する。境内には平成十年につくられた、市の三人の娘（茶々、初、江）を祀る三姉妹神社があるのはご愛敬。豪傑だった柴田勝家がいまも人気があるのは、はて継体天皇と体つきが似ていたからか。

『福井県史』に書かれた継体天皇の出自

地元の声に耳を傾けよう。

継体天皇が育ったのは近江ではなく、断固として越前三国説をとるのは『福井県史』である。当該HPの抜粋にこう書かれている。

「『日本書紀』によると、子供のいない武烈天皇が死ぬと、皇位継承者が絶えそうになりました。そこで大連《むらじ》の大伴金村らが候補者を捜し、白羽の矢を立てたのが、越前三国にいた男大迹（おほと）王でした。王は応神天皇の五世孫で、父は彦主人王、母は垂仁天皇の七世孫振媛です。振媛は三国の坂井から、彦主人王により近江の三尾の別業に迎えられ、王を産みましたが、夫の死後、子を連れて高向に戻って来ました。そして507年、男大迹王が57歳の時、金村らが迎えに来たのです。王は樟葉宮に至り即位し、前代以来の大連大伴金村・物部麁鹿火、大臣許勢男人を再任し、仁賢天皇の娘手白香皇女を皇后としました。その後、山背の筒城（綴喜）宮・弟国（乙訓）宮と転々とした後、526年にようやく大和の磐余の玉穂に都を定めたといいます。一方『古事記』は、応神天皇五世孫の袁本《おほ》杼《ど》を近江から上京させ、手白髪命と結婚させ、天下を授けたと語っています。

一方、彼（継体天皇）の勢力が強大であったことも事実でしょう。母振媛の故郷高向は、現在の（福井県）丸岡町と考えられますが、その近くの六呂瀬山1号墳や、九頭竜川対岸の松岡の手繰ケ城山古墳・二本松山古墳など、いずれも石棺を持つ北陸最大級の広域首長墳の築造が、四世紀中ごろから六世紀中ごろまで続きます。さらに六世紀には、椀貸山1号墳などの前方後円墳からなる横山古墳群が、丸岡町から金津町にかけて築かれます。これらの墳墓は、継体母子の出身勢力のものでしょう。

母は三尾氏の出身で、三尾氏は通説のように近江ではなく、越前の氏族であるともみられています。また『上宮記』という史書の伝える継体の系譜から、彼の父方は近江湖東の豪族・息長《おきなが》氏と考えられていますし、さらに継体の妻（たち）を見ると、尾張や近江、大和の諸豪族出身者が多く、それら地方豪族や大和の諸勢力との連携が、継体を支えたのでしょう。なかでもとくに最初の妻と伝える目子媛の出身氏族である、尾張氏のものとみられる名古屋市の断夫山古墳は六世紀初頭ごろのものとしては東日本最大の前方後円墳であり、きわめて注目されるところです」。

このなかの尾張氏との縁の深さも重要である。

争点のひとつは三尾氏である。

『福井県史』は「第二章　若越地域の形成」の「第二節　継体王権の出現」の個所で「継体天皇の出自　二つの三尾氏」という説を立てて次を続ける。

「振媛の直系尊属のなかに三国命と名のる人物がいたことは確実であり、これは三尾と三国の同族説に重要な論拠を与えるものである。三国氏と三尾氏を同族とすれば、三尾氏からは継体天皇に二人の妃を出しているし、また継体天皇の母振媛も三尾氏出身と考えられるので、三国・三尾氏の同族関係を矛盾なく理解することができる。

残る問題は、『記』『紀』に現われる二つの三尾氏の本拠地が、越前だったのか、近江かの点である。三尾君堅の娘倭媛の子孫が三国氏を名のり、越前坂井郡の雄族となっている点よりみれば、この三尾氏は問題なく越前なのであろう。残る一つ、三尾角折君についてはどうであろうか。ここで『紀』が「三尾君堅」と「三尾角折君」と微妙な書き方の相違を示していることは看過しがたい。前者は三尾君が氏姓であり、堅が名であろう。しかし後者は「三尾角折君」までが氏姓であり、蘇我田口臣とか阿倍引田臣とか史上多くみられる、いわゆる複姓の可能性がある。したがって、三尾角折君の角折は地名とも考えられ、現に足羽川と日野川の合流点近くに角折の地名が残っている。

福井市角折町の南約一八キロメートルに同市三尾野町という地名がある。また三尾野の東約三〇キロメートルの福井市脇三ケ町にある分神社の祭神はイハチワケと伝えられる。

イハックワケの子イハチワケは史上著名な存在でないから、後世の付会とは考えにくい。このように越前足羽郡にも三尾氏の存在がおぼろげながらうかがえるので、第二の三尾氏（三尾角折君）の本拠地をここに考えることも可能ではないかと思われる。二つの三尾氏がともに越前の豪族であるとすれば、近江三尾氏は存在しなかったのであろうか。はっきりその非存在を説く論考もあるが（杉原丈夫「継体天皇出自考」『古代日本海文化』五）、近江にはあるいは後世に進出したとも考えられるのである」

引用が長くなったが、これが福井県史の見方で、歴史論壇の主流の解釈と異なるけれども、こちらのほうに真実のにおいがしないか。

雄略天皇の後継も一代で絶えた

皇統譜のパターンに類型を捜すと、第二十三代と第二十四代のヲケ、オケ兄弟の即位である。

顕宗天皇と仁賢天皇の皇統後継も厳密にいうと三代溯っている。イチノヘノオシハ皇子（履中天皇の皇子。「磐坂市辺押磐皇子」）と顕宗天皇の間に飯豊天皇（女性）を加え、またイチノヘノオシハも事実上即位されていたと考えられるから、三代溯る計算になる。

第二十一代雄略天皇の皇子は白髪の清寧天皇ひとりで、后もいなかった。皇子を得ずして崩御された。雄略に殺されたイチノヘノオシハの皇子兄弟が播磨に隠れ住んでいたのを見つけ出して迎えた。『古事記』ではふたりの皇子は馬喰に身を隠し、「志染の石室」に二十年隠れ住んでいたとある。名乗り出たときに地元の豪族は驚いて転げ落ちたとするのが『古事記』の名場面である。

実際に「志染の石室」の現場に行ってみた。

広い雑木林の公園の中なので発見するのに手間取った。雑木密集地区ゆえに隠れるのは適切だが、湧き水だけの洞窟。住める場所ではなかったという印象を抱《だ》いた。

それまでの中継ぎがイチヘノオシハの妹君だった飯豊天皇で、角刺宮を仮皇居とされた。実際に宮内庁管理の御陵（忍海）へ行くと「飯豊天皇陵」と明示する看板がある。慈円の『愚管抄』は、飯豊王を「天皇」と書いている。

「御姉を女帝にしたということで、飯豊天皇と称された。飯豊天皇は二月に即位し、十一月に崩御されたという。普通の皇代記はこの天皇のことを省略しているのであろうか。顕宗・仁賢二代の御代は、徳に世の中がよく治まっていた。それというのも、この両天皇は田舎の生活を経験され、民のうれいをよく理解して政治を行われたからであろう」（大隅和雄訳『愚管抄』。講談社学術文庫）。

また『日本書紀』巻十二の履中天皇の条に、皇子の名を列挙し、「青海皇女、或るいは飯豊皇女といふ」とあり、また「瑞歯別皇子（後の反正天皇）を立てて儲君《ひつぎのみこ》（皇太子）とす」と明記している。

つまり顕宗天皇は履中天皇の孫ゆえに二代溯るが、間に飯豊天皇が実在されたのだから三代溯ることになる。もっと詳しく系図をたどると、第十六代仁徳天皇の皇子三人（履中天皇、反正天皇、允恭天皇）のあと、第二十代が安康天皇。その安康がマヨワに殺害されるや、ワカタケル（雄略天皇）は兄二人を殺し、つぎにマヨワも殺害し、ライバルの履中天皇皇子イチヘノオシハを狩りに誘ってだまし討ちした。

戦後歴史学の欠陥

新しい視点から歴史の解釈を試みる学者も近年は多くなった。

「日本海側に点在する潟港《かたこう》は、それぞれ海上交通網で結ばれている上に、河川ともつながっていたから、物資を集め、それを交易するには、好都合な位置にあった。潟湖周辺は、必ずしも稲作には適さず、農業生産力も高くはなかった。しかし、この潟湖には、これを港として利用した海人集団が住み、海を舞台にして盛んに交易活動を行ない、巨大な富を蓄積したのである。日本海沿岸部の潟湖周辺にしばしば大きな古墳が築かれているのは、これら海人集団の手になるものであろう。潟湖は、日本海沿岸部では、古代の地域国家形成の拠点ともなった」（小林道憲『古代日本海文明交流圏』、世界思想社）。

まさにこの説明は継体天皇のバックグランドに合致する文章である。

戦後の歴史論壇は、マルクス主義に毒された左翼的なインテリ層が破壊的言論を撒き散らす場と化して、網野善彦や家永三郎が「活躍」した。騎馬民族説を本気で唱えて学界から哄笑されたガクシャもいた。

その後、多少の反省と客観的考察をする学者は増えたが、いずれもが戦前までの皇国史観否定が「進歩的」と錯覚した人々であり、平泉澄、田中卓らは孤立を余儀なくされた。

長野朗、大川周明らの著作は発禁処分となった。

「河内王朝」から「継体王朝」への変遷は「新王朝」だとする説が拡がった。直木孝次郎らがこうした立場をとった。第二十四代、仁賢天皇の皇子、武烈天皇の崩御後、五代溯って応神天皇の五代末裔のオホドが越前にいることを見つけ出し、皇位につかせたというのは血統的にすこぶるあやしいと唱えた。しかし直木は「継体こそは二十年に及ぶ動乱期を統一し、新王朝を創始した英雄」であり、「風を望んで北方より立った豪傑の一人」と評価した。

応神天皇の母は神功皇后（実名＝息長足姫《おきながたらしひめ》）である。継体天皇は越前ではなく近江の坂田郡が本拠だったという説があると述べたが、息長氏の拠点である。

そのうえ継体天皇の后のひとりは息長真若中比売《おきながまわかなかつひめ》であることから継体天皇は天皇家の皇女を妻として一種入り婿のかたちで皇位を継承したことになる。そうした解釈が戦後の日本歴史論壇の主流である。

前にも触れたが、オホドはなかなか越前から腰を上げようとはなさらず、近江の代理人を通じて情報を集めた。というのも第二十一代、雄略天皇の子、白髪の清寧天皇がお隠れになった後、継嗣が不在となった折は、とりあえずイチヘノオシハ（履中天皇の皇子）の妹（オシスミノイラツメ）が飯豊天皇として「称制」となった故事を引いたという。

飯豊天皇は葛城の麓、忍海に角刺宮を建てた。しかし近畿の諸豪族から軽視された。播磨の志染の石室に隠れていたイチヘノオシハの皇子兄弟が名乗り出て、至急、都へ呼び戻され、弟（顕宗天皇）が先に、兄（仁賢天皇）がそのあとに即位した。

豪族の平群氏は顕宗、仁賢に対しまったく馬鹿にした態度をとったので顕宗天皇はまつろわぬ部下を誅した。つらい二十年の亡命生活を経てきたので、直感力と決断力が備わっていたのだ。

慈円の『愚管抄』ばかりか、『扶桑略記』『本朝皇胤紹運録』なども飯豊天皇と銘記した。

継体天皇は、この二の舞を恐れて政治の混乱を増長させるより、しばし畿外に留まって奈良へすぐに入らなかったのだと考えるのは、たしかに合理的な論理である。

難波宮が「副都」であったように歴代皇宮は近畿か、その周辺が慣例ではあったが、継体天皇の場合、西日本の豪族たちの軍事的動きが深刻な問題だった。奈良のような奥地にいては情報も集まらない。

「反乱の常習者」である吉備や筑紫の動き、親しかった馬飼の首荒籠《おびとあらこ》ら河内を拠点とする情報網を通じて、奈良盆地の情勢も把握する一方で、地政学から判定して吉備以西の動きを摑む必要性がもっと強くあり、交通の要衝に仮御所を置いたと理解できる。
樟葉宮の場所を地政学的に考えると琵琶湖から淀川水系をたどる経済的命脈、物流の中継地であり、情報が交差する拠点に位置している。現場を実際に歩いてみて地政学的な実感である。近畿豪族の内輪もめなどより、この国をいかに富ませるかという考えが優先したのだ。

六代前の仲哀天皇は熊襲退治を本格化するために、「関門海峡の長門穴門豊浦宮《あなとのとゆらのみや》に造都し、応神は大和軽嶋明宮《かるしまのあきらのみや》のほか、吉備や難波大隅宮《なにわのおおすみのみや》にも都した。仁徳の難波高津宮、反正の丹比柴籬宮《たじひしばがきのみや》と、難波津周辺への宮の造営が伝承されるのも、瀬戸内ルートの整備や河内平野の開発と無関係ではない」（寺沢薫『王権誕生』、講談社学術文庫）。

都はこうして便宜的に自在に移動する時代があったのである。
継体天皇は情報力に優れ、ものごとを総合的に分析するインテリジェンス能力が豊かだった。ゆえに地政学的判断は卓越していた。

昨今、欧米列強がアジア太平洋シフトに転換したように、日本海から瀬戸内、北九州、鹿児島へは足利幕府から秀吉時代にかけて徐々にシフトし、またポルトガル銃の種子島漂着から黒船の来航という大事件を契機に太平洋シフトは十九世紀からである。

とはいえ近代になっても日本海重視は併行して国策となっており、日清・日露戦争から満州開拓の時代まで相変わらず日本海岸の港湾は殷賑を維持できた。今日の寂れ方は貿易の拠点とルートの変化によって起こった。

筑紫君磐井の反乱とは

継体天皇二十一年（527）に筑紫君磐井の乱が勃発し、大兵団を筑紫に派遣して平定したというのが通史である。

樟葉宮が兵站の拠点だった事実を踏まえた上で、もう一度、軍事情勢をみると西国には剣呑な空気があった。吉備は雄略天皇の御代になんとか制圧し、その後も吉備が支援した星川王子の乱を鎮め、服属させることができた。残る問題は北九州に盤踞する豪族たち、とくに筑紫君磐井である。大和朝廷などものの数ではないという野心に燃えていた。この時代の感覚は統一国家という認識が希薄であり、中央の政治的権威は低かった。

磐井の乱は複雑に絡み合った新羅との国際関係が背景にある。単に継体天皇の治世に歯向かったのではなく大規模なクーデター未遂だったとも考えられる。つまり継体天皇は百済へ梃子《てこ》入れし、大々的な支援をしていたのに対し、新羅と結んだ筑紫の王、磐井は自らの利権基盤を失いかねない。当然だが、反対するだろう。

「ヲホド大王（継体天皇）は新羅に奪われた加羅の一部を取り返すため、近江の豪族の近江毛野臣に大軍を率いさせ朝鮮半島の南部へ渡らせようとした。すると新羅が磐井に賄賂《まいない》を贈って毛野臣の軍の渡海を妨害させた。当時の国際情勢として、磐井が新羅と組みヲホド大王が百済と組んだことが読み取れる。継体二十一年（527）に起こった継体・磐井戦争は朝鮮半島での情勢と連動していた」（森浩一『敗者の古代史』、KADOKAWA）。

こういう分析もある。

「（磐井は）政治的には、ヤマト王権の対外政策に反旗をひるがえしたことになる。『書紀』には、『外は海路を邀《た》へて、高麗・百済・新羅・任那等の国の年に職貢《としごとみつきもの》る船を誘り致《わかつ》し』とみて、高句麗・百済・新羅・任那の朝貢品を横領したとみえる」（吉村武彦『ヤマト王権』、岩波新書）。

万葉学者はこう述べる。

「六世紀の継体王朝も応神王朝にとってかわったのだが、その継体は応神の五代目の孫だと古事記ではいう。継体というあらたな支配者が『体を継ぐ』と称することで自分の立場を保有しようとしたほどに、応神は王者の血のはじまりだともいえる」（中西進『古代史で楽しむ万葉集』、角川ソフィア文庫）。

仁徳天皇系は「河内王朝」とも言われるが、応神、仁徳、履中、反正、允恭、安康、雄略、清寧、顕宗、仁賢、武烈までの十一代であり、皇位を継承したオホド（継体天皇）は明らかに仁徳天皇系ではない。

この経過から仲哀と応神の間には断絶があると多くの古代史学者が解釈していることを敢えて書き添えておく。

第四章　かくして古志国の歴史は埋もれた

葬られた背景には何があったか?

日本海側は縄文人の天下だった

縄文人は戦争を回避する智慧があった。集落は和気藹々《わきあいあい》とし共同体の福祉のような仕組みがあり、争いごとは嫌われた。なぜこんなことを自信を持って言えるか。それは縄文遺跡から発掘された遺体に戦争の傷痕がないからである。

日本に内乱や戦争が頻発するのは弥生時代からで、およそ一万年以上続いた平和な時代は渡来人の混入でややこしくなった。とくに水田による稲作の普及は水利権の争い、在庫の食糧強奪など殺傷を伴う戦いが普遍化し、集合住宅地は壕《ほり》を構えた城塞となる。その典型が佐賀県の吉野ヶ里遺跡である。武器は素材、性能とが急速に向上する。弓矢の箭先《やさき》は尖石から鉄製で殺傷力の強いものへ。弥生式集落跡からは戦争で負傷したり、首のない屍が発掘される事例が夥しく、渡来人の流入で縄文時代の平和が失われたことが分かる。

稲作はすでに縄文時代から日本で始まっていた。このことは1970年代から次々と縄文遺跡から発掘された遺構から水田跡が確認され、考古学で立証された。遊牧民は牧草地を求めて移動するから家族中心になり、規模は小さく、人口密度は低い。朝鮮半島は畑作地帯だった。日本統治時代からコメがつくられるようになった。

当時、渡来人と帰化人の区別が厳密にあったわけではなく、先に来たとか、あとから来たという区別もあまり意味はない。問題は縄文人と融合した先住の弥生系の人々が、これら渡来人を職能集団として駆使し国力を富ませ、技術を上げたことである。

田中史生『渡来人と帰化人』（角川選書）は渡来人と帰化人の差違を追求している。「『古事記』や『風土記』には『帰化』や『投化』の表現はないが、人の移動を『貢』『献』『送』『遣』の文字で表現する例はたくさんある」（中略）。ただし「『書紀』の『帰化』と『古事記』『風土記』の『渡来』の表記差が、倭国時代の実態とは次元の異なる、何か新しい力によって生じたことを示唆している」とし、『日本書紀』の記述方法には、どうしても大和朝廷の権威を示し、国威発揚の政治的目的があるから帰化を多用し、「中華の王の民（宮崎註＝この場合は日本国民）になるために〝自ずから来る〟」という文脈の枠に当てはめる必要があって『帰化』とした。

ことほど左様に渡来人、帰化人が日本に教養と技術、つまり文化と文明をもたらした等と過度に外国人の渡来を持ち上げる歴史学者らの論考が目立つが、真相はどうだったのか。

大川周明はこの問題を次のように解いた。

「（朝鮮の人々は）シナが盛なりし間はシナの意を迎えていたけれど、三国以来の混沌にシナの対外発展中絶するに及び、今度は吾国に対して服従的態度を採り、少くも南鮮一帯は吾が勢力範囲に帰した。その地理的不利より来れるかくの如き不幸なる運命は、朝鮮の民族性を傷《そこな》わずに置かなかった（中略）。シナ人もまた、三国以来乱離を極めし故国を去りて、吾国に帰化する者が多くなった。彼らが朝鮮人以上に尊敬せられ、従って社会的・政治的に好待遇を与えられしことは言うまでもない。それらのうちには、秦の始皇帝の裔と称する融通《ゆうずう》王の如く、百二十余県の民を率いて帰化せる者あり、雄略天皇の時代にはその人口が一万八千を超えた。また後漢の霊帝の裔と称する阿知使主《あちのおみ》も、十七県の民を率いて帰化し、魏の文帝の裔と称する安貴《あんき》公も、多数の人々を率いて帰化した。これらの帰化人は、工芸技術の教師として、殊に秦漢帰化人は養蚕及び機織《はたおり》の教師として、吾国の文化に貢献するところが多かった。朝廷に於いて学問を奨励し、諸国に記録の官を置くに及んで、多く彼らが之に任ぜられた」（大川周明『日本二千六百年史』〔増補版〕、毎日ワンズ）

一万八千人というのは穏やかならざる数である。この職能集団を最初に活用したのが蘇我氏だった。

日本人の源流はどう考えても縄文人である。そして縄文人が弥生人を受け入れ、混血を繰り返し、宥和して日本民族を形成した。

「日本の基層文化を形成した縄文時代の人々の有していた考え方が、時空を超えて後世の人々にまで伝承されている」ことを前提とする山田康弘は『縄文人の死生観』（角川ソフィア文庫）のなかで、次のように言う。

「少なくとも四万年前のヒトの認知能力が現代の私たちと比較して遜色《そんしょく》ないものであったことを示す」のは、スペインのアルタミラ洞窟絵画や石器の製作技法からも推測できるとし、結論的に、「現代においても狩猟採集生活をおくる人々と都市に生活する人々の間において明確な心性の違いは認められていない。これらを勘案すると、身体と心の両面からみた場合、現代人は旧石器時代人、ましてや縄文人とほとんど変わらない」

とりわけ死者の弔い方、その精神の有りようである。死者の魂への思いは古今東西かわらないのである。

無神論の全体主義独裁者といわれるスターリンは幽霊を怖がった。日本歴史でも広く怨霊が信じられ、呪術が行われた。縄文土偶など葬儀のときに用いられた祭器は多種多様であり、土偶などは儀式を終えると破壊された。永遠の生命の再生を祈願したからだ。

古志の女王ヌナカワヒメはシャーマン的霊位だった。

医薬に通じたシャーマンが古代の王

医薬に関しても富山は薬売りで有名だが、越後の「毒消し」も有名ブランドだった。ということは薬草の伝統がオオクニヌシノミコトの白兎治療に用いた蒲花に代表されるように縄文時代から継続的に発展してきたのである。

『古事記』ではオオクニヌシノミコトが兄たちに殺されかけると、特効薬が高天原からもたらされる。神武天皇が吉野で苦境に陥ると高天原から、フツヌシの剣が降ろされ、なにがしかの霊的な薬効があって兵士らの眠りを覚ます。

因幡の白ウサギが傷ついた身体をオオクニヌシが教えた薬剤に拠って治癒した。つまり病や負傷した傷の治療を呪術だけではなく、医療によって治すパワーが備わっていることが統治者の資質に繋がった。

オオクニヌシノミコトは兄たちが求婚した八神姫を娶ることになるがその理由は医術能力にあった。漢方は中国の薬かと誤解されているが、これは日本伝来の和薬である。調合にノウハウを伴うが、その前に薬草の採集、区分け、保存など古代人の智慧がおおいに発揮されていた。

戦後の歴史学者が意図的に、あるいは不注意に見落としたか、それとも発想の枠内からはみ出してしまったからか、その発想力にない大事な要点がある。国家を動かすのは軍権であり、誰が軍隊を指令する最高指令者なのか、ということである。

古志は国としてのまとまりはなく、地域の王の連携連合体だったとすれば、王を束ねる大王の代わりが、シャーマン的女王だった。古志ではヌナカワヒメの役割だったのである。しかし女王は軍権を握っていたわけではなかった。古志の女王とされたヌナカワヒメは出雲軍の襲来の前には降伏し、服属するしか選択肢はなかった。大和朝廷を正統とみる史観に立脚する『日本書紀』の行間には古志、蝦夷に対しての蔑視がある。

ヤマトタケルは常陸を平らげ、上総から陸奥へ入ったとある（これは『古事記』にはない）。

『日本書紀』はこう書く。

「蝦夷の境に至る。蝦夷の賊首、嶋津神、国津神等、竹水門に屯みて距《ふせ》かむとす。然るに遥かに王船を視りて、予め其の威勢を怖ざて、心の裏にえ勝ちまつるまじきことを知りて、悉く弓矢を捨てて、望み拝みて曰さく、『仰ぎて君が容《みかお》を視れば、人倫にすぐれたまへり。若し神か。姓名を知らむ』ともうす。王、対《こた》へて曰はく、『吾は是、現人神の子なり』とのたまふ。是に、蝦夷等、悉くに畏まりて、則ち裳を掲げ、浪をわけて、自ら王船を扶けて岸につく」

そののちヤマトタケルは新治《にいはり》から山梨の酒折宮へと帰路を急ぐが、途次に吉備武彦を古志へ偵察に行かせる場面がある。

「蝦夷の凶《あ》しき首《ひとども》、ことごとくに其の辜《つみ》に伏ひぬ。唯信濃国・越国のみ、頗る未だ化《みおもぶけ》に従はずとのたもう」として、ヤマトタケルは吉備武彦を使いにだした。

ここでは古志が文明的に未開だと断じているのである。まさに大和朝廷史観で、上から目線だ。古志偵察の目的は「其の地形の険易及び人民の順不を監察しむ」ことだとし、日本武尊は信濃平定のために酒折宮（甲斐の入口）あたりに滞在していた。この間に吉備武彦は視察から戻るが、この記述の語彙からしても古志、蝦夷への蔑視観が漂っている。

時代は飛んで、幕末の大政奉還とは、すなわち天皇から信託されたかたちでの征夷大将軍を返上するという政治的事件だった。軍の最高司令官が徳川将軍から天皇に返還されたことであり、王政復古の「大号令」とは「諸事神武創業之始に原キ」とある。これが後年の『軍人勅諭』に結実し、「昔、神武天皇躬《み》つから大伴、物部の兵どもを率い、中つ国のまつろはぬものどもを討ち平らげ給ふ」の表現となる。

これは頼山陽『日本外史』の冒頭に繋がる。

「蓋し我が朝の初め国を建つるや、政体簡易、文武一途、海内を挙げて皆兵にして、天子これが元帥となり、大臣、大連これが偏裨《へんぴ》となる。

未だ嘗て別に将帥を置かざるなり。（中略）武士なる者あらんや。故に天下事なければすなわち已《や》む。事あれば即ち天子必ず征伐の労を親《みずか》らす。否ざれば、即ち皇子、皇后これに代り、敢えてこれを臣下に委ねざるなり」

まことに「兵の統帥が天皇自身の専権事項であった事、その綱紀が乱れて武門・武士なるものが発生し（中略）、明治の王政復古の思想は一にかかって『外史』に出ていると見てよいほどである」（小堀桂一郎「軍事政権としての『朝廷』の役割」、『伝統と革新』、令和三年38号所載論文より）

だからこそ五ヶ条の御誓文の「旧来の陋習」とは「幕府政治」のことであって、封建制とか、徳川家のことではない。

天武天皇の詔をもう一度引用する。

「其れまつりごとの要は軍事なり」

製鉄と木材建築の技術

出雲と吉備がヤマト王権に刃向かえるほどパワフルだった最大の理由は、製鉄と造船技術が備わっていたからだ。

出雲と吉備は、端倪《たんげい》すべかざる軍事力を備えていた。高志国は技術はともあれ軍事力で劣った。ただし外国との距離の近さから交易で富を得た。

その近似性は古墳の比較でも可能である。古墳は古代の建築技術の高さを象徴するのだろうが、財力と政治力を誇示するパワーの象徴だった。現代の英雄像は、スポーツ選手か、歌手か金持ち（成功した起業家）である。軍人や政治家は英雄になりにくいのも戦争がないからだ。新しい価値観を伴って若者らに模範を示そうと、金持ちになった成功者は次代を示唆する行為を行う。ペゾスとブロンソンは宇宙遊弋《ゆうよく》を見せつけた。ビル・ゲイツは未曽有の慈善事業家だ。富を蓄積し、パワーを見せつけた古代の象徴が古墳だった。ピラミッドより大きな仁徳天皇陵を見よ。

古志においても三国の王は女形谷に古墳群を、越後の王は古津《ふるつ》の古墳群を、日本海沿岸にも大規模な古墳群があるという事実は富と力を兼ね備えた豪族がいた証左である。問題は如何にして、彼らが起業し、富の蓄積が出来たかではないのか。稲作だけで富を得たとは考えられない。

遠隔地もしくは外国との交易である。地域では生産されない珍しい品々を独占し、流通ルートを開拓し高価で転売、もしくは交換した。継体天皇は国内ばかりか、海外との交易によって富を形成していた。後の平家も足利も貿易を独占することによって膨大な富を得た。政治権力の強さの側面は富にもよる。

僅か四十年ばかり前を振り返っても、舶来品は高関税だった。スイスの時計も米国のクルマや冷蔵庫もフランスのワイン、スコッチのウィスキーもべらぼうに高かった。舶来信仰が強く、海外旅行に出れば必ず洋酒を三本、外国タバコを1カートン買って帰ったように熱狂的なブームがあった。それが山梨のワインがフランスと肩を並べ、ニッカのウィスキーは英国ものより高くなり、トヨタはGMをしのいで世界一となった。

古代は鉄が勝敗を決めた。

近畿から吉備にかけて鉄の生産は広く、積極的に行われていた。初期のヤマト王権は砂鉄によるものづくりが社会の基盤にあった。奈良盆地は当時、奈良湖だった。それが湿地帯となり、やがて干拓され、農地となった。『古事記』、『日本書紀』に地名が登場するのは奈良湖の周辺に限られていることに格別の注意が必要である。湿地帯からは砂鉄が出る。三輪山が鉱山でもあったことは、付近に「穴」の文字が被さった地名が多いことでもわかる。古代の穴は鉄の意味がある。

神武天皇の東征目的を軍事的にみると、この鉄技術獲得にもあった。鉄の材料となる鉱山が近かったこと、造船に転用できるしっかりした木材が豊富なことが地理的な資源環境という必須条件である。

鉄はおよそ4000年前にアナトリア半島（現在のトルコ）で発明され、鋭角の武器に転用できたので戦争の勝敗を決める威力を持った。もちろん農耕機具に転用され、飛躍的な農業生産を生んだ。

日本では砂鉄がかなり旧い時代から発見され、転用されていた。砂鉄から踏鞴《たたら》吹き工法が編み出され、日本は独自の日本刀をつくる鍛冶の発展があり、この鍛冶技術の蓄積があったがゆえに種子島に漂着した種子島銃を、信長の時代に僅かな期間で大量生産が可能となった。工業の基盤があった。

「わが国に製鉄技術が朝鮮半島を経由して伝えられたのは6世紀後半である。その形状は長方形箱型炉である。8世紀に入って半地下式縦型シャフト炉（箇型炉）が伝えられた。前者は中国・九州地方で多く発掘されており、後者は静岡以東で主に発掘されている」（永田和宏『人はどのように鉄を作ってきたか』（講談社ブルーバックス）

外国から輸入される前まで日本における鉄の踏鞴工法は、その製鉄炉跡などが発掘され、出雲、吉備あたりが中心だったことが浮かんだ。ヤマト王権はこの両域を抑えることによって軍事的優位に立てた。
七世紀、皇極天皇の御代に百済からの使者に鉄の延べ棒を土産に持たせたとの記述が『日本書紀』にもある。

「蘇我大臣、畝傍《うねび》の家にて、百済の翹岐《ぎょうき》等を喚ぶ。親《みずか》ら対《むか》ひて物語す。よりて良馬一匹、鉄二十鋌を賜ふ」（『日本書紀』、二十四巻。皇極元年（642）四月）

奈良の大仏は国産品である。永田前掲書に拠れば、大宝元年（701）に律令が公布されたが、以後、鉱山の開発に力が注がれ、銅、錫、金、水銀、鉄など鉱石の採掘や精錬が活発におこなわれていた。因幡、周防、武蔵、備中、備後、長門などに鉱山が開発され、とくに秩父では自然銅が採掘された。これを祝って和銅と改元した。本邦初の通貨（和同開珎）が作られるようになった。乙巳の変から百年後、天平十七年（745）に東大寺の大仏建設が国家事業として開始された。追って金が東北平泉で大量に採掘され、大和朝廷に献上された。

巨木の建築技術も縄文時代からである

平成十二年（2000）、出雲大社の主柱の発見は大ニュースだった。しかし、そんなことで驚いてはいけない。出雲大社の高層建築のはるか以前、5500年前の縄文時代に三内丸山縄文集落が存在し、その遺跡から平成六年（1994）7月、大型掘立柱の構造物跡が出土した。柱は栗材で底辺部は石斧で削られて製材されていた。深さ二・二メートル。主柱の直系が一メートル。この巨大主柱が六本、四・二メートル間隔で立っていた。つまり縄文尺で12尺。建築の科学が存在したことが判明し、中国の龍山遺蹟よりも古いことも分かった。

同時代と推定されるアスファルトの加工工房跡も北海道の縄文遺跡で見つかり、建物の基盤をアスファルト（縄文時代から「燃える土」として多用されていた）で固めた工法が用いられていた。三内丸山遺跡からは夥しい漁労用の釣り具、狩猟用の弓箭、落とし穴の技術の存在、また栗やドングリの栽培も保存食品や加工工場跡も出土した。なによりも遠く信濃の黒曜石、糸魚川の翡翠、岩手は久慈の琥珀が三内丸山遺跡から出土したのだ。数千年前の縄文中期に遠き場所と特産品の交易が盛んだったことが分かる。

そこで平成八年（1996）に高層建物のレプリカが建造され、いまでは三内丸山遺跡のシンボルとなっている。巨木の栗材はロシアから運ばれて長さ17メートル、主柱が1メートル。一本の重さは実に八トン。クレーンもない時代の縄文人は、これをどうやって組み立てたのか。

その巨木文化である。

古代人にとって磐座が信仰の対象、神道の原点だが同時に巨木は神木であり信仰の対象だった。御神木を全国あちこちの神社境内などで見かけるだろう。その場所に神社が建立され、あるいは拝殿が作られた。

巨木と高層建築は、五重塔と東京スカイツリーの共通点があるとする志村史夫は『古代日本の超技術』（講談社ブルーバックス）のなかでこう言う。

「数百におよぶ木塔が（火災や廃仏毀釈などで）破壊された歴史がある中で、『地震によって倒壊した例』がほとんど皆無であるのはじつにふしぎなことである。地震国の日本にあって、木造の高層建築物である木塔」とは東大寺七重塔は96メートル、奈良の法隆寺の九重塔が81メートル、この時代に大地震に二十回ほど襲われているが、「古都にそびえる木塔は倒れなかった（中略）。有史以来、森林に覆われた日本列島で生活してきたわれわれの祖先は、当然のことながら樹木についてかなりの知識を持ち、材料として活用し、精神生活の面においても慣れ親しんできた」

樹齢千年を超える神木はあちこちにあるが、記紀にみえるスサノオの八岐大蛇退治で、その大蛇の体にはシダ植物、檜、杉が生えていたと書かれている。檜、杉、柏、松が生い茂っていた。

スサノオは「舟は杉と樟（楠）で、棺は槙で、宮殿は楠で作れ」と教えた。実際に舟材は楠が多く出土しているし、ヤマト王権の墓からでた棺桶は高野山の槙、檜《ひのき》は法隆寺、薬師寺、景行天皇の宮殿は檜でできていたことも判明している。出雲大社も伊勢神宮も檜である。森林資源の争奪もまた古代史の戦いの動機のひとつだったのである。

継体天皇が樟葉宮と筒城宮という淀川、木津川の要衝を抑えたことは前章にもみたが、とくに木津川は森林資源を筏で運び、集積した戦略地点だった。

蝦夷と古志は同じ縄文人でも民俗、風習、文化が異なっていた

天智天皇時代、大和朝廷は本格的な全国制覇の野心に駆られ、崇神天皇の四道将軍派遣

以後、表向き服属していた高志国と、その北側の蝦夷地にあって大和王朝にまつろわぬ夷《えびす》どもの平定に熱意を込め始めた。

蝦夷退治を本格化させた理由のひとつには新羅、高句麗、百済がわが国に朝貢を繰り返しつつあり、国の形を整えるために完全なる国内統一を示す政治的動機があった。陸奥方面からの北上軍と高志国を拠点とする北伐軍で、高志以北を「越の夷」、陸奥方面は「北狄」と呼称して区別していた。

この区別はおそらく人種的差異ではないかとする海音寺潮五郎はこう書いた。

「日本海側の住民と太平洋側の住民とは、今日でも容姿骨格がまるでちがう。日本海側には皮膚の色が白く、骨格もほっそりとした、美男美女型の人が多いが、太平洋側には皮膚は浅黒く、骨格のあらく逞しい、容貌魁偉の人が多い。（中略）北陸から出羽（つまり高志国の住民だが）にかけての人々は、満州、シベリヤ、北鮮あたりの民族と血縁関係が強いのではないかと想像している」（『大化の改新』河出文庫）。

海音寺の後節は賛成しかねるが、ともかく『古事記』と『日本書紀』から把握できる当時の状況は越後の西半分あたりまでと、太平洋側では陸前の中あたりまで、大和朝廷の統治が及んでいた事実である。

敏達天皇十年（581）に陸奥の蝦夷が数千、国境を越えて南下したため討ったとあり、巨魁をとらえ都へ連行した。半世紀後、舒明天皇九年（637）にまたも蝦夷が叛乱を起こしたため、奇策を用いて反乱軍を斥けた。日本海側も皇極元年（642）九月に越の蝦夷数千を退治したとある。後者二つは阿倍比羅夫の活躍によるものだ。

大化三年（647）に現在の新潟市あたりに柵を設けたことは前章でも触れたが、蝦夷の脅威は去っておらず、防護柵あるいは防護砦を古志の最北に築いて日夜警戒を必要とした。渟足柵《ぬたりのき》は高志国に建造された事実上の軍事城であり、別名「沼垂城」ともいう。高志国が大和朝廷に服属した後、柵は大化3年（647）に構築された。場所は新潟市東区付近と考えられ、当時の高志国の北端だった。「沼垂城」の木簡は新津の南に拡がる古津台地の八幡山古墳付近から出土した。

舒明天皇は天智天皇、天武天皇の父親で大化の改新の前の御代だが、『日本書紀』には「蝦夷叛きて朝ぜす。すなわち大仁上毛野君形名を拝して、将軍として討たしむ」とある。実態は相当の苦戦を強いられ、最後には謀略を用いて辛勝した。大化四年（648）にはさらに北限が延びて磐舟柵（新潟県村上市）が設置され、また佐渡にも粛慎人《みしはせ》の渡来激しく、柵を設けたという記録がある。粛慎人を歴史学界はツングース系としているが謎のままである。ミシハセは朝鮮語で「遠い北の奥地」という意味だから当時の女真族あるいは金かも知れない。ただしアイヌではない。ともかく異民族が六世紀半ばに佐渡に渡来した。

阿倍比羅夫が英雄だった

十代崇神天皇の御代に大彦命ら四道将軍を派遣し、古志を服属させたと記紀は伝える。以後、統一国家のかたちが出来て、大和朝廷の権威が北陸道に及び、国造が置かれ、国司が派遣された。

『日本書紀』曰く、

「阿倍臣、名をもらせり。船団一百八十艘を率いて、蝦夷を討つ。秋田、能代、二郡の蝦夷、望《おせ》り怖《お》じて降《したが》はむと乞ふ。是に軍をととのえて、船を秋田浦に陳ぬ。秋田の蝦夷恩荷《おが》（男鹿半島の蝦夷説もあった）、進みて誓て曰さく」（岩波文庫『日本書紀』四巻）

阿倍比羅夫率いる大和朝廷軍は軍船180隻を率いたというが、これは大挙して攻めたという意味で「180隻」には特に意味はない。秋田、能代あたりに盤踞した蝦夷は戦わないで服属を誓った。大和朝廷の統治領域が古志の北限を越えたのである。

この戦功により渟足柵造の大伴稲積が冠位を授けられた。酋長らには郡領、多数の蝦夷らも位を授かった。この折、およそ二百名の蝦夷が都に招かれ饗応に与かり、狩猟用の弓、矢等を与えられた。阿倍比羅夫の北伐の成果だという。1990年に長岡市（当時は新潟県三島郡和島村）の八幡林遺跡で、「沼垂城」「養老」と書かれた木簡が出土し、古代史の記録が正しかったことが証明された。

粛清人を阿倍比羅夫が退治したことになっているが、北海道は道南から奥利尻島までの範囲であり、その以北に逃れた異邦人がその後どうなったのかは不明である。本居宣長もこのあたりをスルーしている。

ともかく出羽以南の越国（古志）は大和朝廷施政下に完全に組み込まれていた。

渟足柵は信濃川と阿賀野川の合流点付近の海岸平野に位置したらしい。おそらく河口付近で敵の渡河を塞ぐ防衛上の要害であったのだろう。縄文時代から海運、河運が主流だったため実情に合った立地である。

『日本書紀』に拠れば、大化4年に「磐舟柵を治めて蝦夷に備え、越と信濃の民を選んではじめて柵戸を置いた」とある。

新潟県村上市にある岩舟神社はニギハヤヒを祀っている。ニニギノミコトに先だって、ニギハヤヒの天孫降臨は磐樟舟（天磐舟）によるとされる。磐舟（岩船）神社は越後国の北の総守護神として飛鳥時代以前に建立されたと伝わるから大和朝廷に服属する前である。

延喜式神名帳（９２７）では越後国磐船郡の筆頭の位置にある。日本書紀孝徳天皇の条、大化四年（６４８）には「磐舟柵が蝦夷征討の前進基地として築かれた」とあって海上交通と陸路の拠点を兼ねた。

したがってヒト・モノ・カネ、そして技術と文化が集積され、天武天皇期（６７９）当時の越後は渟足郡、磐船郡、北方の出羽までを指した。和銅五年（７１２）に北部が出羽国へ編入された。村上市の「石船神社」（磐舟）の祭神はニギハヤヒ。加えて京都貴船神社から勧請したタカヲカミノカミ、クラヲカミノカミ、ミヅハノメノミコトが祀神である。村上市では「岩船大祭」が開かれ、饒速日命《ニギハヤヒノミコト》が、天の磐樟舟に乗って降臨した日（十月十八～十九日）を記念して相撲、踊り、狂言、笠鉾などの興業もある。

さらに北上し山形県酒田市から秋田、そして秋田県の山側、大仙市に払田柵が残る。

阿倍比羅夫の二回目の蝦夷遠征は659年、蝦夷国を平定し、青森から北海道の南端に達した。第三回の遠征軍はその翌年、つまり三年連続して日本海側の蝦夷討伐を行っているが、三回目の目的は「粛慎」の制圧だった。このときの粛慎国は北海道にあったと想定され、阿倍比羅夫は辛勝して百人ほどを都へ連れ帰った。

「越国守阿倍引田臣比羅夫、粛慎を討ちて、生熊二つ、熊皮七十枚献る」(『日本書紀』、岩波文庫版)

三年連続の蝦夷征伐はそれぞれ目的地が異なり、また『日本書紀』では阿倍比羅夫、阿倍引田臣と複数の表記から別人説もあって津田左右吉と坂本太郎の間に論戦もあった。本居宣長は三年に及んだ戦いを筆で分けて書いたと解釈した。いずれも確定できる証拠はない。

いったんは服属をしたものの蝦夷は大和朝廷の統治が緩むとまた叛乱を興す。

『続日本紀』では天武天皇の没後、文武天皇二年(698)12月、越後国に石船柵(磐舟)を修理させたとあり、二年後の文武天皇四年(700)には越後国と佐渡国に石船柵を修営させたという。記述にご注意あれ。『続日本紀』の時代になると、表現は「古志」ではなく、越後、佐渡、そして越中、越前と区別されている！ 西暦708年頃にはさらに北に出羽柵が建てられ、最前線の柵はまたまた北上し秋田へ到り磐船柵は廃絶された。『続日本紀』に拠れば和銅二年（709）7月「蝦夷征討のため、諸国に命じ、兵器を出羽柵へ運搬した」との記事がある。709年以前から出羽柵が存在したことが判る。

和銅五年（712）といえば『古事記』が完成した時期だが、この時に出羽国が置かれた。この出羽柵は蝦夷征服の拠点となり、また当時、陸奥方面にも城柵が築かれていた。これらは防衛砦であるばかりか、政庁を兼ねており、行政機関でもあった。

大和朝廷の統治下に入った高志のなかでも越後に三個所と佐渡にも国造が置かれた。昭和六年に現在の酒田市城輪で城輪柵《きのわのき》が発見された。発掘調査の結果、一辺が720メートル、およそ52ヘクタールという大規模な城域だったことが判明した。

天平五年（733）12月、出羽柵はさらに北上し、秋田村高清水岡（秋田市）へ移設された（『続日本紀』）。この秋田版出羽柵は秋田城跡のことである。

他方、陸奥方面での坂上田村麻呂の蝦夷征圧は八世紀後半、桓武天皇の御代であり、初代征夷大将軍は仙台南郊外の多賀城を拠点として蝦夷征圧に奮戦した。

東北に古くから生活してきた蝦夷とはまさに縄文人。原日本人である。東北蝦夷からみれば大和朝廷は外来軍、侵略者であって戦うという考え方に傾くのは自然の流れである。日本海側を北上し連勝した阿倍比羅夫が「火の鳥」ならば、徹底して坂上田村麻呂に抗戦したアテルイは「陸奥のゲバラ」だ。

朝廷軍はさらに北上し、盛岡に志波城が築かれた。これらの城柵紀行は章末にコラムでまとめる。

高志国の薬剤師たち

古代では医術と巫女の呪術は併用された。占いと祈禱で病を治した。シナでは「巫医」と言って一身兼業体である。

「漢方」という熟語は大きな誤解を与える。医薬品、薬草がまるでシナから伝えられたものと誤解を与えているからだ。日本は古来より独自の医学、薬学を発展させてきたのだから「和薬」とすべきである。

縄文時代の遺跡から出土した人骨を鑑定しても結核で死んだ痕跡がない。結核による屍体は弥生時代の遺跡からで、渡来人が戦争のやり方と共に日本に運んだ。多くの疫病も渡来人が随伴した。

次に猖獗《しょうけつ》したパンデミックは天然痘である。崇神天皇の御代、国民の半分以上が死んだと『日本書紀』は明記している。天然痘もまた弥生時代に渡来人がもたらした厄災であり、駆逐するために崇神天皇は獅子奮迅の努力を傾けたが、薬剤のほかに呪術にたよった。

薬草に関してはシナや朝鮮半島で発見された木簡があるものの、一方で東大寺・正倉院の「種々薬帳」などの古文書には日本独自の薬物名が多く書かれている。日本は古代から薬草に恵まれ、事実、病気を治してきたのだ。

筆者の幼年時代、敗戦の荒廃で薬局など存在せず、家庭にあったのは富山の薬売りが置いていった常備薬。腹痛、頭痛、膏薬、胃薬などが主で、ほかに消毒液に軟膏などである。その頃、叔母が腹膜炎を患い、近くの雑草からゲンノショーコとかの薬草を探せと言われたことを思いだした。

蜂にさされたら小便を手で塗ったし、怪我をしたら、そこを唾で保護した。子供でも先輩達からそういう智慧は授かった。

『日本書紀』允恭天皇紀三年春正月朔条に「使を遣して良き医《くすし》を新羅に求む」とある。

詳しく見ると以下の通り。

「三年の春正月の辛酉朔に、使いを遣わして良き医《くすし》を新羅に求む。秋八月に、医、新羅より至でたり。則ち天皇の病を治めしむ。幾ばくも経ずして、病已に差《い》えぬ。天皇、歓びたまひて、厚く医に賞して国帰したまふ」

欽明天皇十五年二月条に百済から易博士、暦博士らとともに「医博士」「採薬師」が渡来した。

「易博士施徳王道良、暦博士固徳王保孫、医博士奈率王有㥄陀・採薬師施徳潘量豊・固徳丁有陀・楽人……」（岩波文庫版『日本書紀』第三巻。312頁）

御薬園（江戸時代の植物園）は雄藩には必ずあった。筆者が見たのは会津藩のそれで今日もちゃんと薬草が栽培されている。

御薬園の起源は室町時代、霊泉が湧きだしたので永享四年（1432）、蘆名盛久が別荘を建て、寛文十年（1670）、会津藩藩主となった保科正之が領民を疫病から救うために園内に薬草園を作った。三代藩主（二代目からは松平姓が許された）の松平正容《まさかた》が貞享年間に朝鮮人参を試植し、その栽培を民間に広く奨励した。

現在の会津御薬園は広い日本庭園の一部で、庭園はまさに優雅そのもの。池が掘られ、その中央に亀島と楽寿亭を置き、池辺には名石を並べ、女滝、男滝がある。モミ、スギ、マツの大樹、キャラボク、ゴヨウマツの古木を点植した回遊園路がある。薬用植物標本園では会津産薬草を含めおよそ四百種の薬草が栽培されている。

ことほど左様に日本には名医がいて優れた創薬があった。

大河ドラマに黒田官兵衛が主人公になったとき筆者は『黒田官兵衛のインテリジェンス』（晋遊舎）という本を書いた。その取材旅行で官兵衛の生まれ故郷にも足を延ばしたのだが、港に近い商人の町で、官兵衛の実家は目薬の製造で知られた。評判を取り、目薬は飛ぶように売れたそうな。

渡辺望の『パンデミックと漢方　日本の伝統創薬』（勉誠出版）によると、「正親町《おおぎまち》天皇は宮中で倒れ人事不省に陥った。おおぜいの宮中侍医は慌てふためくばかりで対処がわからない。しかし侍医の一人の曲直瀬玄朔《まなせげんさく》だけが天皇の症状から『続命湯』という処方の投与を忠した。服薬したことで天皇の症状はたちどころに回復した」

この曲直瀬玄朔の弟子が施薬院全宗。あらゆる薬草に通じ、調合し、秀吉の侍医にまで上りつめた。そういえば国学の大家、本居宣長も漢方医だった。

様々な「和薬」

日本では独特な伝統的創薬がなされ発展していた。

当時の世界的レベルで最も先端の医学を走っていた。徳川家康は長寿を全うしたが、自身が医師並みの薬草、調合法、そして施療に通じていた。医学・薬学への知識は並大抵ではなかった。近代になって「蘭学」への対応から「漢方」と呼んだ。遣隋使、遣唐使の時代から日本は多くの書物を輸入したが、薬物と医学、医療は中国の知識を吸収したものの日本独自の療法、そして薬剤を用いた。

世界で最初の麻酔手術は華岡青洲である。ワクチンの最初の発明は秋月藩の漢方医、緒方春朔。ジェンナーの種痘より6年早かったのだ。

中国の医学は不老不死が基本の発想で茶の概念が日中では異なる。日本では薬として茶を飲まない。中国人は薬剤の一種として飲茶する伝統がある。

古くから伝わる薬草には次のようなものがあるが。多くが古志国に集中しており、「越中富山の薬屋さん」「越後の毒消し」が有名である。

●ゲンノショウコ　よく効くので「げんの証拠」だと別名がついたが、日本中どこにでもある。白色の花をつける。胃腸、下痢止めに効果があり、形状がトリカブトに似ている。

反対にトリカブトは毒性が強く、毒矢など、狩猟にも多用された。日本三大薬草の一つでほかにセンブリ、ドクダミが民間薬草として扱われる。

●あけびの蔓　鎮痛効果があり、整腸にも役立つ。

●秋咲き鬱金（うこん）　沖縄特産で肝機能の強化、胃腸、高血圧の改善。利尿作用、むくみ、化膿した腫れに効く。

●アロエ（日本名は「ろかい」と言った）　抗菌、抗炎症、抗腫瘍、肝硬変の改善、アレルギー、糖尿病の合併症などの予防、改善。ビタミン類も多く含まれる。

●銀杏の葉に含まれる薬効成分により、めまい、耳鳴り、頭痛、脳機能障害、末梢血行障害などの効果がある。ホルモン異常による炎症、アレルギー、ぜんそくなどの予防。

●えびすぐさ（蝦草）は北米から江戸時代に伝わり、肝臓、胆のう、腎臓、眼など。

●柿の葉　多量のビタミンCを含む（プロビタミンC）。天然ビタミンCは万病に効き目があるとされ、コラーゲンの生成による美肌、免疫力、自然治癒力増加。高血圧、動脈硬化、利尿など。

●くこ（ゴジベリー）　滋養強壮、老化予防、動脈硬化、高血圧予防、肩こり、血行促進、肝細胞の再生促進などさまざまな効能があるとされる。

●熊笹　豊富に含まれる葉緑素、ビタミン類、マグネシウム、カリウムなどが血糖値を下げ糖尿病、肌、シミ、利尿、体質改善。肩こり、頭痛の緩和。

●なた豆　コンカナバリンAの高い抗腫瘍作用。血液浄化、血行促進、消炎作用、排膿作用、口内や喉の炎症。

●苦瓜　血糖値の減少。豊富に含まれるビタミンや食物繊維。生活習慣など。

●どくだみ　利尿、解毒、抗菌作用、血行促進、アトピーなどの改善。

●クチナシ　山シシとも言うが、西日本に多く、奈良天理市の下池山古墳の埋葬品にも混ざっていた。生薬の原料として利用されていた。

●はぶ茶　利尿、整腸、腎臓、消化不良。

●びわの葉　食欲増進、疲労回復、咳止めなどに効き目がある。

●紅花　婦人病、血中コレステロール濃度を下げ、動脈硬化の予防。

●よもぎ　浄血、増血、殺菌、末梢血管の拡張、抗アレルギー。過酸化脂質を強力に抑制、肥満その他さまざまな効果がみられる。

越後の毒消し、いらんかね

新潟生まれの無頼派作家・坂口安吾に『安吾新日本風土記』（河出文庫）がある。

坂口は北陸を旅し、たとえば富山の「伏木は裏日本では新潟をしのぐ良港である。しかし北鮮や樺太との航路を失った現在では全然開店休業の寂しさ」と鋭い観察眼。このあと富山の薬売りと越後の毒消し売りの比較があって、毒消しの集落は何処かと調べていく裡《うち》に坂口安吾は弥彦山のさき、海岸線に存在した角田村の噂を耳にした。この角田村は新潟県西蒲原郡にあったが、合併によって新潟市西蒲区に編入された。

それはともかく坂口は、古代史に絡む重要なことを書き残した。

「角田村というのは全部が砂でできている。それも砂丘だ。海から一里余にわたって何段かの高い砂丘のヒダが角田村である。しかし砂といえば、蒲原平野の大半がもともと砂でできたものなのだ。六百年前ほどの地図によると、いまの新潟市なぞは全然存在しておらぬのである。わずかに沼垂《ヌッタリ》をのこして海は深く新津まで湾入している。それが六百年前だ。新津とあるから、新津も新出来の港で、もとの港はどこまで湾入していたか見当がつかない。この大きな湾が信濃川と阿賀之川の押しだす砂とまた海の押しもどす砂とで自然に埋めたてられたのが蒲原平野だ。角田村がその埋めたてられた西端に当っている。ここからは角田山で、古い越後のわけである。蒲原平野はこの六百年後に於いても時代時代で地図は大変動を示しており、それは信濃川、阿賀之川の二大河がぶつかりあっているためだ。時には河口が合流して長年月を経たこともあり、諸万に水溜りのような潟をのこして今日の蒲原平野をきずいてきたのである。（中略）六百年前の地図によっても沼垂は孤島のような突端で、どの方面の何を防ぐための柵なのか見当がつかないのだ」

坂口安吾は続けた。

「毒消し部落《マ マ》も美人系という伝説がある。また弥彦角田をめぐる麓の村々はすべて美人系であり、越後美人の産地という伝説がある。しかし、この土地の人々はさらに云う。角海だけが特別だ、と。角海は別して美人系だというのである。ともかく角海という部落は今でも昔ながらに往来の道すらもない置き残された土地であるが、昔はこのあたりが人里の元祖なのかも知れないのである。

つまり角田村は云うまでもなく、弥彦角田周辺の平野が概ね信濃川の土砂によって後年に至って土地をなし、後年に至って人々が移り住んだにひきかえ、角海にはそれ以前の太古から人間が住んでいたと考えられるからである」（『坂口安吾全集15』、筑摩書房）

この角田は、弥彦山（海抜634メートル）の北側にある角田山（482メートル）で登山家が愛好する。海は目の前、こういう地形が産まれたのは北から南南西へ越後断層帯が通っているからである。

美人が多いという伝説は、海流に乗って落人らが漂着し、ほかに出口のない膠着地となったからで、こうした土地では客人を「まろうど」（稀人）として歓迎し胤《たね》をもらう習慣があった。世界各地にも三方を海に囲まれた陸の孤島などに目立つ。

角田角海は角海峠となって山に連なりいまではハイキングコース、別名「毒消し路」という。この角田村の毒消し伝説に関して坂口安吾が指摘したのは「角海浜」のことだ。三方の山地に囲まれた一帯が角海浜村だった。一説に朝倉氏残党が織田氏に制圧されて以後、滝深山施薬院称名寺に率いられて定着したといい、また別説では落人が隠れた集落だったともいう。

角海浜は波欠け（マクリダシ）という、海岸の土砂を根こそぎ奪う地殻変動のような現象が数十年に一度の周期で発生した。局地的に起こるとされ、急激に砂を移動させて海岸を浸食する。このため家屋等が倒壊し埋没してしまう。

慶長十二年（1607）に角海浜は200メートルの海岸線長を有していたらしく、およそ250戸の家屋や塩田が存在した記録がある。お寺の記録では明治三十五年に家屋数は92戸に激減していた。

「越後毒消し」発祥の地となって歌謡曲「毒消しゃいらんかね」が謳われた。毒消し行商の女性を歌ったもので、筆者も子供の頃、何回もラジオで聞いた。

起源については弥彦神霊授与説や城願寺唐人伝授説があり、称名寺の庫裡で作られたという。おそらく滝深山称名寺のあいだに「施薬院」が挿入されたのは後世だろう。

越後毒消しの材料は硫黄・菊名石・隠元豆（白扁豆）・甘草・天瓜粉（天花粉）で処方ノウハウは不明だが、食中毒・便秘・下痢に効能を発揮する生薬でたいそうな評判を取った。丸剤『毒消し丸』など越後の毒消しは全国ブランドとなり、行商が始まった。最盛期の角田の行商人はなんと1800名もいたという。

戦後、法律改正などで急激に廃れ、そのうえ高齢化と過疎化によりほぼ廃村となった。高志国の伝説のひとつが消えた。

コラム

東北の蝦夷対策の城柵を訪ねて

磐船柵から城輪柵へ

令和三年八月某日。東京駅を早朝一番の新幹線で新潟へ。そこで特急に乗り換え村上駅着は九時過ぎだった。猛暑、駅前には三人ほどしかいない。日陰でバスを待つ。村上駅から石船《いわふね》神社へ一日に五便ほどあるバスに間に合った。

海岸線に沿って瀬波温泉の旅館街を眺めているうちに石船神社前に到着した。ここが「磐船柵」跡である。緩やかな坂を登ると石船神社本殿だが、その手前右手の別社鳥居を越えて石段を登る。大きな石碑が目に飛びこんできた。「磐船柵跡」と大書してある。

港に近く、段丘という条件が付帯すれば、岩船柵はここしか考えられない。阿倍比羅夫の船団は岩船港に上陸し、目の前の岡を占拠したのだろう。「柵」とは語感から砦ていどかと思われるが、そうではなく城である。同時に兵站基地であり兵糧倉庫であり政庁を兼ねた。磐船を石船神社と表記を変えてはいるが、磐も石も古代では同じ意味である。目の

石船神社にある磐船柵の跡

石船神社

前は海、岩船港はちょっと寂れた漁港で直江津や新潟港の繁栄ぶりに比べると田舎である。瀟洒なヨットが十数隻舫《もや》われ、穏やかな入江、人々はのんびりとした風情である。

撮影を終えてバス停にもどり、さて次のバスを一時間ほど待たなければならないのかとお茶のペットボトルを飲んでいると、すぐに村上駅へ戻るバスが来た。予定より早くなり、特急列車より鈍行の酒田行きが早く着くのですぐに乗車した。酒田まで二時間近い車窓の眺めはまるで古代にタイムスリップのようだった。沿線は美しい田園風景が拡がり、緑が目に映えて、やはり日本の農村風景を眺めると心が和む。吹浦を越えるあたりから海に岩山が迫りトンネルが多くなる。そのトンネルを抜けると白浜に海水浴客がパラソルを拡げていた。

阿倍比羅夫は、この峻嶮《しゅんけん》な崖道を避け、やはり山形県の酒田の城輪柵《きのわのさく》へは船で向かっただろうと想像がつく。出羽柵と通称される城輪柵の建物は海からやや遠い場所にある。酒田港は河口に拓け、江戸時代は商業で栄えた。近年は若者が都会へ出て、人口が減少した。目的の柵は酒田駅から歩くと二時間くらいかかるらしいので、タクシーを拾った。中年の女性運転手、人なつっこくしきりに話しかけてくる。

町中を抜け、田園を越え、県道を越えてまた農道を走る。遠方に朱色の門が見えた。中年の女性運転手は「あの先まで葡萄を買いに来ることがあるので、この門は何なのか、ずっと気にはなっていたのですよ。え、千三百年前のこと？　蝦夷退治？　それにしても中は広いですね。へぇ、千五百人の兵隊さんが駐屯したのですか」。

そう言いながら、スマホで盛んに写真を撮っていた。「そういえば先週も東京から撮影にみえた人がいたって仲間内で話題になってましたよ」。

この近くの田圃が「堂の前遺跡」で遠目に看板が田圃の真ん中に立っているのが見えた。そこまで行くと由来が書いてあった。近くには八森遺跡もある。

出羽柵の第一次拠点が、この城輪柵だった。ここまでが古志の領域だったのだ。敷地は宏大で門の復元がなければただだっぴろい農園である。城輪柵は段丘ではなく、平地に建つ。敷地が広く、政庁と基地を兼ねたことが想像できる。政庁跡地には杭が何本か打たれて、その柱の太さから構造物の高さ等の想像が付くが、平野部での建立はおそらく移動用、仮の基地だったのではないか。

閑散とした酒田駅でサンドイッチを買って、今度は特急列車に乗って秋田へ向かう。駅に隣接するメトロポリタンホテルに旅行鞄を置き、シャワーも浴びないで、すぐに秋田城跡へ向かった。秋田城柵跡は海岸に近い小山にある。秋田駅から遠い。古志の領域から抜

酒田市の城輪柵跡

田園のなかに「堂の前遺跡」の看板が立つ

け出して秋田へ進出した阿倍比羅夫の蝦夷と対峙する拠点だった故に、相当の抵抗が予測された。新潟県村上の磐船柵、山形県酒田の城輪柵までが古志。つまり秋田へ古志からの後方支援が可能な兵站基地の役目を兼ねた。

出羽柵から払田柵へ

秋田城は天平五年（733）に造営された頃、「出羽柵」と呼ばれた。天平宝字四年（760）から秋田城と改称されたのだ。地名は高清水、そうか、あの名酒の由来はここから来ているのだ。奈良時代には国府が置かれ、同時に渤海国との交易拠点だった。いまは外郭の東門と政庁跡が復元され、史蹟公園となっている。駅からタクシーは、二十五分ほど走って古四王神社前を通過した。歴史記念館（秋田市立秋田城跡歴史資料館）のオープン時間に間に合わず、午後四時半に閉館していた。秋田城跡の森をみて、古四王神社へ戻った。

運転手が言った。「このあたり石油が出るので、むかしは油田《あぶらだ》という地名だったのです。ほら、あのバス停の看板は『日石前』でしょ。いまでも石油の掘削作業は続いていますす」。

さて秋田城柵の登り口に位置する古四王神社の主神は大彦命である。崇神天皇が四将軍を派遣したと『古事記』にあるように北陸路に派遣したのが大彦命で、阿倍臣を伴った。だから秋田には阿部《（ママ）》姓が多いのかも知れないと想像が飛躍する。

　地勢を勘案しても、この秋田城跡が、出羽柵だったに違いない。森を越えると海である。なお、秋田駅前に拡がる通称秋田城は、久保田城が正式名。後世に佐竹氏が建てた城塞である。久保田城内に平田篤胤《ひらたあつたね》をまつる弥高神社があって吃驚した。同社の看板には祭神が平田篤胤大人命、佐藤信淵《さとうのぶひろ》大人命とあり、二人とも秋田出身である。廃仏毀釈を唱えて幕末の攘夷パワーの源泉とも言われる平田篤胤は仏教派の聖徳太子を批判し、復古神道を創始して古典文化の復興に寄与した。平田学派は、「草莽の国学」と呼ばれ、明治維新の原動力となった。佐藤信淵は藩政改革のために尽力した農政家だが、高い理想を説く経世家としても知られる。信淵は久保田藩（秋田）領の雄勝郡西馬音内《にしもない》村出身だ。

　翌日、秋田から新幹線「こまち」で大曲へ向かった。大曲は行政区分で大仙市となっているが、日本一の花火大会が自慢だ。「ことしも中止だっぺ」と老人の運転手が嘆いた。

　目的の払田《ほった》遺跡の城柵は大仙市払田で発掘された。復元作業が進んでおり、大きな門構えだが工事中でテントが覆っている。その先の小高い丘へ登ると全景が見渡せる。この払田柵は雄勝城と同じ場所と考えられている。地名の払田は後世の命名で、当時、何と呼ば

古四王神社

払田城柵跡

れていたのかは不明である。

最初の発見が昭和五年だったが、爾来百年近く雄勝城ではないかと論争があった。漆紙文書と同地区から出土した土器などから雄勝城はここだと鈴木拓也・近畿大学教授は主張する（秋田さきがけ新聞、平成31年1月14日）。

史書によれば、802年に凡そ1500名の鎮兵が配備されていた。遺蹟前の駐車場には歴史記念館があってボランティアのガイドがいた。数種類の説明書と新聞の切り抜きなどを貰った。払田柵もまた平地の田圃の真ん中、近くに日帰り温泉があって「このあたりは何処さ掘っても温泉だっぺ」と老齢の運転手。昼近くなり、大曲から「こまち」で次の目的地・盛岡へ。途中駅は田沢湖、雫石。いずれも来たことがあるが、秋田新幹線は観光客不在でガラ空きだった。

志波城柵から徳丹柵へ

盛岡駅から志波《しわ》城跡へは、一日に三本しかないバスで30分ほどかかる。運良くその一本に間に合った。料金は420円だった。志波は古い地名で、その要衝を選んでの築城、志波城は桓武天皇が延暦二十二年（803）に蝦夷退治を命じた征夷大将軍の坂上田村麻呂

盛岡に遺る志波城（柵）跡

志波柵の代替となった徳丹柵跡

が造営し、規模は多賀城に匹敵するほど広く、位置的には最北端である。外郭は一辺が928メートル。築地塀《ついじべい》には60メートル間隔で物見櫓が建ち、また政庁では蝦夷をもてなした饗宴儀式（当時は「饗給」と言った）を行う政庁、周囲には行政実務を行った「官衛建物」があり、外郭にそって兵舎（竪穴建物）がおよそ2000棟立ち並んでいたという。兵や労働者は関東から大々的に移住させた。

正門は外郭南門で桁行が15メートル、高さが11メートル。古代の門では、奈良の平城京朱雀門につぐ大規模なものだった。城の北側には雫石川《しずくいし》が流れていた（現在の雫石川はもっと北寄り）。

志波城柵は築地塀、外郭南門、政庁跡が復元され、休憩所もある。規模からいっても蝦夷退治の本格的な軍事基地である。入口に駐車場と休憩所があるが、喫茶コーナーは閉まっていた。平野部にあるため雫石川の氾濫にあって土砂に埋まり、南の徳丹城柵へ移転した経過がある。

翌日は仙台まで途中三ヶ所に立ち寄るという欲張りな旅程を組んだ。すべて鈍行列車の旅となる。なぜなら柵跡の所在地は特急も新幹線も止まらない場所ばかりだから。

盛岡から二つ目の矢巾《やはば》で徳丹城柵跡、水沢で胆沢城跡、そして仙台の手前で多賀城跡

（東北本線「国府多賀城駅」から北へ徒歩、跡地は広く奥にある柵跡まで歩いて15分）。矢巾の徳丹柵跡はまだ看板だけ、ただし資料館がある。整備はこれからという段階。印象的だったのは矢巾は鄙びた街（志波郡）だが、近年、医科大学が出来て住民が増え、医者、患者、見舞客、関連業者などで「日本でいちばん忙しいタクシー会社」だとか。

胆沢城から多賀城へ

大がかりな復元作業が継続されているのは奥州市に残る胆沢城だ。位置的には北上川へ合流する胆沢川の南側で一辺が675メートルもの外郭築地（土塀のことで、胆沢柵の場合は幅が2・4メートル。高さが4・2メートルで総延長が2・7キロもあって東北古城では最大規模を誇り、南門地区からは鬼瓦が出土している）。政庁には正殿と脇殿が置かれていたことも判明している。鎮兵は板東から徴集されたらしく、たとえば欠勤届など漆紙文書が残り、敷地内にある奥州市埋蔵文化センターの展示場で見ることが出来る。

胆沢城は志波城が構築される前の、延暦21年（802）に造営され、大同三年（808）まで機能した。復元されたのは九世紀末から十世紀前半までの施設の再現で田村麻呂時代の建造物ではない。

胆沢城跡は奥州市に残る

多賀城跡(仙台市の郊外)

水沢は奥州市に合併されたが、ここは新渡戸稲造、高野長英、後藤新平の出身地であり、また緯度変化のゼット項発見の天文学者・木村栄が活躍した。木村は金沢出身で（彼が学んだ泉野小学校は筆者の母校でもある）、昭和28年の文化人記念切手の肖像にもなった。文化勲章受章者である。

胆沢城も平野にあって南門などが建つが、埋蔵文化センターには田村麻呂とアテルイの戦闘を描いた大型映像。古代戦士のレプリカ、アテルイの像などがあって見学の価値がある。建立時期は払田柵が801年、胆沢城が802年、志波城が803年と主柱など遺材の年代測定から判明している。

東北各地に残る城柵跡をめぐってみると、往時の蝦夷退治は軍事的に大がかりな戦争だったことが分かる。現代の国際政治学的に言えば、政府軍vs反政府ゲリラの大規模な戦闘だった。

第五章　伝説の現場に立ってみた

越後、越中、越前の国分け

この章では現在の行政区分に基づき、福井県、石川県、富山県、新潟県に分解して「高志国」の成り立ち、その関連を俯瞰してみよう。

高志国が最初にヤマト王権と接触したのは四世紀あたりと推定される。そのことを明瞭に示すのが『日本書紀』の崇神天皇の次の個所である。

「九月の丙戌の朔甲午に、大彦命を以て北陸に遣す。武淳河別《たけぬなかはわけ》をもて東海に遣す。吉備津彦をもて西道に遣す。丹波道主命《たにはのちぬしのみこと》をもて丹波に遣す。因りて詔して曰はく、『若し教を受けざる者あらば、乃ち兵を挙げて伐て』とのたまふ。既にして共に印綬を授《たま》ひて将軍とす」（岩波文庫版　第一巻）

北陸道とは古志の路、大彦命は開化天皇の兄だから崇神天皇の叔父にあたる。武淳は大彦命の息子、ふたりは将軍として別々のルートから古志へ向かった。

新潟県には縄文時代以前、旧石器時代の遺蹟が二百カ所もあり、ナイフ形石器が大量に出土している。大雑把に言えば、越後が古志の中枢であり、縄文時代の「先進国」で、笹山遺跡から出土した火焔型土器は国宝である。越後のまつりごとの中心はいまは山奥となったが頸城郡あたりだった。

紀元前一万年頃（縄文時代草創期）に本格的な土器づくりが始まった。有舌尖頭器・局部磨製石斧などが江崎遺跡、馬場神社遺跡で出土した。

縄文時代中期に大規模な集落があちこちに出現、火焔型土器が笹山遺跡などから出土、弥生時代に西方平野で水稲栽培が本格的に始まった。

「新津」と「古津」は地誌的な由来を如実に物語る（ともに新潟市に編入された）。

新潟平野の山側にある古津は、その名前のように阿賀野川に面した古い港だった。六百年前まで新潟市は存在せず、平野が潟だったことは坂口安吾の文章でもみた。

それゆえ古津附近には多くの古墳群が散らばり縄文から弥生時代にかけて有力な豪族が古津周辺で勢力を競ったことが偲ばれる。

やはり現地へ行ってみよう。古津八幡山遺跡の古墳は小高い丘の上に位置し、壕をめぐらし、テラスの付いた豪勢な建造物が再現されている。環濠集落は古志では珍しいが、防御陣地でもあり28の竪穴住居と、夥しい石鏃の出土は戦闘用器財である。

古津は日本海側から会津や信濃へ繋がる要衝でもあり、いまも鉄道網が繋がっていることからその地理的な絆を古代に遡れる。

一方、「新津」は古津の北に拓けた昔の港町で、「新」がつくほどに中世から近世にかけての繁栄の跡があるものの古墳はない。つまり阿賀野川の河口が移動したのだ。川の入江が運搬の要衝だった。新潟はその名前にある「潟」がいみじくも象徴するように近世に堆積物が埋まり、平野が形成された。近代化とともに、文明の軸が古津→新津→新潟へと移動したことになるだろう。

こうした視点から地誌学的に古志の港を俯瞰すると、若狭の小浜、越前の敦賀と三国が拓けたのは入江が深く、船舶の安全寄港地だったのであり、加賀にはこの条件の港はない。能登に福良、ぐるっと能登半島をまわりこめば七尾、そして越中の伏木港がいずれも深い入江に位置している。中世に海運技術と船舶技術が発展してからは深海の入江は絶対の条件ではなくなり、船舶の停泊、運搬物資の兵站、倉庫、舟の修繕場。農産物などの産地に近い港（たとえば加賀の金石、越中の射水《いみず》、魚津、新潟の糸魚川、直江津、出雲崎、寺泊など）が発展することになる。

崇神天皇の四道将軍派遣によって、久比岐《くびき》国造と高志深江国造が設置されたあたりから古志は大和朝廷に呑み込まれるかたちとなった。とはいえ当時は明確な国家の様式が確立していたわけでもなく、中央集権的なシステムは確立されていない。大宝律令は八世紀初頭である。

したがって地域ごとの豪族たちが寄り合っての地域王権が、大和朝廷の国づくりを是とし服属した格好となった。国家の体をなしていない緩やかで曖昧な統治概念の下で、人々は行動していたはずである。

大化3年（647）、「越の蝦夷」（古志に蝦夷が残存していた）の侵攻に備えるために渟足柵《ぬたりのき》（新潟市付近）が、翌年には磐舟柵《いわふねのき》（新潟県村上市付近）が造られた。乙巳の変から僅か二年後だ。「沼垂城」の木簡は新潟県輪今村八幡林遺跡で1990年に出土した。

阿倍比羅夫はさらに北上し、現在の山形県最上川河口に城輪柵（酒田市城輪嘉平田）という防護柵を設けた。「柵」と「城」を『日本書紀』は書き分けていたため目的が異なるとの解釈が主流だったが、1970年代に仙台の多賀城の発掘作業が進むと、従来的解釈は訂正され、城柵は軍事拠点であったばかりか、兵站ならびに寺院と建築構造が酷似しており、政治の統治拠点という機能を併せもっていたことが分かった。

熊谷公男（東北学院大学名誉教授）は（1）蝦夷に備える防備という軍事機能（2）柵戸は同時に移民政策であり（3）交易センターでもあり、（4）行政機能をもった城柵もあったと説明している（『古代の蝦夷と城柵』、吉川弘文館）。
『先代旧事本紀』に拠れば、高志深江国は崇神天皇が派遣した大彦命の孫で信濃川・阿賀野川河口地域の豪族であった素都乃奈美留命《そつのなみるのみこと》を国造に定めたことに始まる。初めて聞く名前だ。

この素都乃奈美留命は『古事記』、『日本書紀』に登場しない。ところが石川県羽咋郡志賀町に瀬戸比古神社がある。しかも主神なのである。同神社は崇神天皇の創建と伝えられ、往時には神職、巫女など百五十名を誇ったと伝えられている。大彦命の孫ならそれくらいの権勢を誇っただろう。

能登の志賀町には猿多彦神社、少彦神社、白山神社などが蝟集しており、素都乃奈美留命の統治がこのあたりまで及んでいたと推量できる。能登国造・加賀国造と同祖説、阿倍氏族説あるが、素都乃奈美留命は角田山界隈（後世、毒消しの名産地として近代史に登場する）の開拓に尽力し、蝦夷を帰依させたという。

新潟市西蒲区巻町福井に小さな祠の船上神社が草緑の土地に建立されており、弥彦神社の摂社だが、素都乃奈美留命を祭神としている。古志伝来の人ではなく大和朝廷から派遣された有力者だった。

産油地帯だった越後、金座の佐渡

佐渡の金山は江戸時代に人口が十万人を超えていた（平成元年に閉山）。日本史上、最大規模の相川金山は昭和の御代まで活気があった。この金山跡地に立つと、往時の殷賑と、いまや無人に近い廃坑、日本海から吹き上げる烈風、じみじみと寂寥感が拡がる。鉱夫らの住居跡は戦後の典型的な炭鉱町の風景で、その寂れ方は映画のワンシーンのようだ。

新潟県はフォッサマグナの地殻変動による大地溝帯が走っているため日本では珍しい原油生産地である。尼瀬油田（出雲崎町）や東山油田（長岡市）、新津油田（新潟市秋葉区）で採掘が行われた。さらに天然ガスが産出する。南長岡ガス田（長岡市）、片貝ガス田（小千谷市）、岩船沖油ガス田（胎内市沖）などで採掘が進められている。河川と雪国ゆえに発電事業も多く、阿賀野川流域には大規模な水力発電所。柏崎刈羽原子力発電所は原発で世界最大の出力。

四道将軍派遣以後、阿倍比羅夫の軍事制圧があり、以後、高志国全体が大和朝廷に組み入れられた。角鹿国造《つるがくにのみやつこ》、高志国造、三国国造、江沼国造、加我（加賀）国造、羽咋（能登）国造などが設置された。持統天皇の御代（七世紀後半）に高志国は三分割され、この時は「高志道前」、「高志道中」、「高志道後」と大雑把に区分けされた。

大宝律令制定後の国印製作時になって、印鑑を作る必要から越前・越中・越後の表記に定まった。これによって「越前国」の領域は現在の石川県と福井県の北部を含み、後の敦賀郡（旧角鹿国）、丹生郡（旧高志国）、足羽郡、大野郡、坂井郡（旧三国国）、江沼郡（旧江沼国）、加賀郡（旧加我国）、羽咋郡（旧羽咋国）、能登郡（旧能登国）、鳳至《ふげし》郡、珠《す》洲《ず》郡の十一郡にわたる広大な面積の行政区分ができた。

養老二年（718）5月、現在の石川県北部にあたる羽咋郡、能登郡、鳳至郡、珠洲郡の四郡を能登国として分立させた。弘仁十四年（823）3月に、現在の石川県南部にあたる加賀郡と江沼郡を割いて加賀国を建てた。以後は領域に変更はない。残った郡の区分編成では多少の変遷があった。7世紀末の越国からは五分割、8世紀初頭の越前国からは三分割された。越前国は延喜式による等級で北陸道唯一の大国に区分された。

京都や奈良をうかがうのに近すぎず、遠すぎずという地政学的位置から重視されず、しかし時に大国として重視された。いうなれば過大評価とも言えるが、近江から見ると敦賀から北は幻の国に見えたのだ。現代人は北陸トンネルのおかげで峻嶮な山岳地帯を十分足らずでいとも楽々と通過するので想像出来ないかも知れない。

トンネル完成の前、敦賀から今庄にいたる峻嶮な山岳を目撃した人々は、その先に何があるか、怯むだろう。筆者が少年時代、この路線を通過するには蒸気機関車を後にもつけて、途中でスイッチバックが二個所あった。この山越えがたいへんだった。

加賀一宮は白山媛神社である。加賀平野の奥地、白山山麓にある。加賀から越後にかけて白山権現の信仰が拡がっている。新潟にも白山神社がある（新潟駅から実際に筆者は歩いてみたが、45分ほどかかった。境内がひろく、優雅な日本庭園も備わって公園になっている）。明らかにここが中世までの主要港である。

加賀と美濃をわかつ霊峰、白山の標高は2702メートル。その白山麓に鎮座まします、白山を御神体として祀る。主祭神は白山比咩大神（菊理媛神《くくりひめのかみ》と同一神）、そして伊邪那岐《イザナギ》と伊弉冉尊《イザナミ》である。白山は日本三霊山のひとつで、社伝由緒に拠るとやはり崇神天皇の時代に白山を遥拝する「まつりのにわ」が創建された。元正天皇の霊亀二年（716）に安久濤の森に遷座して社殿堂塔が造立されたという。崇神天皇はハックニシラスミマキイリビコノミコトとよばれ、事実上、国を肇《はじ》めた。

この白山媛神社は大和王朝によって加賀国一ノ宮と定められ、白山本宮兼加賀一ノ宮として、平安時代から室町時代前期までの五百年間栄えた。

康正元年（1455）から加賀国に入ってきた一向一揆のため年貢米が得られなくなり、

そのうえ文明十二年（1480）の大火で全焼、百年ほど荒廃した。復興は加賀藩主となった前田利家が行い、本宮、白山寺も復興された。

越前観光の売りは恐竜

福井県の旧石器時代の遺跡には三国町の西下向・雄島遺跡や永平寺の木橋遺跡、山間部では旧石器時代の足跡が発見された。南幅遺跡などからは「三国型ナイフ」などの石器が出土した。

このことからも古代から拓けていた土地であることがわかる。なにしろ福井市の観光の売り物は「恐竜博物館」である。

現代人の地図感覚では到底理解しがたいが、明治以来の産業革命は平野部、道路も東西に繋がり河川には橋梁が架かっている。縄文時代どころか江戸時代ですら、大きな河川には橋がなかった。司馬遼太郎は川の東西、あるいは南北は文化が同じと言ったが、それは近代の話で、古代は河を隔てて文化は異なった。河が国を分け、地域文化を分けていた。蝦夷対策の柵の構築は河を関所替わりとしていたのだ。

海が陸地に上がり込むように数百年かけて、徐々に陸地は海に沈み、その後の平野部は山から流れ出た土砂が堆積して新しく拓けた。つまり縄文の集落が段丘に集中的に見つかるというのは、当時は高い丘ではなく、海に近かったのである。それゆえに山間部で貝塚が夥しく発見される。縄文集落は平野部ではなく高台から出土するのも、そうした地勢の変化による。

福井県の鳥浜貝塚では縄文土器（隆起線文・斜格子文土器）をはじめ竪穴式住居跡や丸木舟、弓矢、土器に模様を付ける縄も出土した。この遺跡は三方町にあって敦賀からローカル線で2時間に一本程度の電車。時刻表と睨めっこで行くしかない。

弥生時代の遺跡からは嶺北（福井は若狭地方が嶺南、敦賀以北の越前が嶺北）で銅鐸が出土し、出雲文化圏の日本海側の北限だったことが分かる。福井で銅鐸がでた場所は坂井市春江町である。まさにここが継体天皇が「越前の大王」と呼ばれた頃に高向宮が存在した場所だ。山側に古墳が集中している。四世紀初めから嶺北でも前方後円墳が造られたのである。出雲型と併行して大和朝廷のスタイルが入っていた。

大和朝廷の特色である前方後円墳は、そののちに加賀にも出現し、越後の十日町の山間部でも発掘されている。大和王朝の実質的な統治が徐々に北へ北へと延びていったことが了解できる。

九頭竜川中流域でも大規模な古墳が造られ、手繰ケ城山古墳（四世紀末）は昭和五十二年に国指定文化財となった。手繰ケ城山古墳は全長129メートルの前方後円墳。手繰ケ城山古墳を含めた古墳群散策などの催しが現地では行われている。六呂瀬山古墳群（4世紀後半から5世紀前半）は北陸地方最大規模で五世紀には若狭、越前が大和朝廷の統治下だった歴史的事実の証明ともなる。

福井県坂井市の観光案内に拠ると、

「坂井市丸岡町上久米田の丘陵上には四基の古墳があります。1号墳は全長約147メートル、3号墳は全長約90メートルの前方後円墳（鍵穴状の形をした墓）であり、北陸最大級の前方後円墳を含む古墳群です。1号墳は4世紀後葉に造られました。墳丘は二段築成で、表面には石を葺いていました。また、後円部には石を葺かない張り出しをもちます。墳丘のうえからは埴輪が見つかっており、円筒埴輪、朝顔形埴輪、家・よろい（短甲）の形を模した埴輪などが古墳のうえに並べられていたことがわかっています」

これらの古墳群の麓が高向《たかむく》と呼ばれ、継体天皇の宮（高向宮）があった。三国国造があった地域は継体天皇が長らく過ごした場所と比定《ひじょう》されている。

継体天皇は皇統譜においても異色でありながらも大和朝廷に迎え入れられたことが契機

となって近畿豪族と古志の勢力とが合一した。

継体天皇の御代、朝鮮半島との交流は特筆すべきほど頻繁だった。これも意外な裏面史である。

570~574年、高句麗使がたびたび高志国に来着した。それこそ敦賀から新潟にかけてどこの港へ漂着したか、文献では明示されていない。

継体天皇以来、古墳に船と馬の埴輪が埋葬されるようになり日本は後期古墳時代となる。7世紀後半、律令制の導入を控えていた時代に「若狭国」、「越前国」が成立した。若狭湾で精製した塩を「調」(地方特産物を納税)として都に納めた。現在も製塩遺跡が残る。調とは別に贄《にえ》と呼ばれる海産物を直接天皇家に貢いだことが平城京の木簡や延喜式から分かっている。これにより若狭国は『万葉集』に出てくる「御食国」の一つと推定された。

また琵琶湖北岸には「塩津」という名の町がある。まさに塩の湊だったのだ。

749年、東大寺が越前国の豪族から土地の寄進を受け、また墾田を買収して、福井平野に多くの荘園を獲得した。八世紀は渤海との交流がさらに盛んになり、若狭国や越前国は渤海使の来航や遣渤海使の派遣の拠点となった。外交使節は大宰府へ回航されるのが常であり、日本海側は交易が中心だった。

764年、クーデターに失敗した恵美押勝《えみのおしかつ》（藤原仲麻呂）が越前国に逃れようとするも愛発関《あらちのせき》が閉じられたため失敗した（藤原仲麻呂の乱）。仲麻呂軍は琵琶湖の湖西を越前に向けて進軍した。息子が越前国造に任命されていたので合流を図るためだった。大和朝廷軍は仲麻呂の息子を処刑したあと湖東から愛発関にさきに回り込み、関所を占拠、「とうせんぼ」の陣形になった。

愛発関は当時の三大関所といわれた不破関（関ヶ原）、鈴鹿関と並ぶのだが、所在地が特定された不破、鈴鹿とは違って正確な場所は不明。おそらく琵琶湖の北と敦賀の間、疋田《ひきた》あたりではないかと言われている。場所の特定が出来ないのは琵琶湖西南の逢坂関に交通交易の管理機能が移転したからだ。

藤原仲麻呂の乱が起きたのは、道鏡の寵愛をうけていた天皇が寧ろ仲麻呂の諫言を逆恨みするかたちとなってしまい、あろうことか仲麻呂が賊軍となってしまったことによる。この乱の失敗により弓削道鏡が急激に台頭し、都のまつりごとは大いに乱れた。

簾の奥深く、権勢をふるった道鏡が失脚に到るのは和気清麻呂の出現を待たなければならないが、これは後世のはなしである。

能登の真脇縄文集落は四千年も続いた

現在の石川県は加賀と能登が一緒になった行政区分である。旧石器時代の遺跡は能美市の灯台笹《とだしの》遺跡が代表格。先土器時代だ。1万7000年前のナイフ型石器や槍先形尖頭器などが出土した。弥生時代には平野部で農作が始まる。能都町の真脇《まわき》遺跡は縄文時代の前期から晩期まで四千年も続いた長期定住遺跡である。その後、金沢市のチカモリ遺跡、野々市市の御経塚遺跡が発掘された。

御経塚遺跡は縄文時代中頃から晩期にかけて（3700〜2500年前頃）の長期に亘って存続した縄文時代の集落跡で昭和三十一年以来、28回にも及んだ発掘調査により、竪穴住居跡6棟、円形掘立柱建物跡20棟、方形掘立柱建物跡14棟、亀甲形掘立柱建物跡31棟、石囲炉27基、焼土遺構3基、土坑317基、配石遺構4基、埋設土器41基などが出土した。石組みに納められた御物石器が発見され、中心部の広場を環状に囲むつくりの集落で、外縁部が墓域という構図だった。集落の人口は50〜80人ほどで、そのわりに土器、石器は多彩で、食物を煮炊きした土器や食糧の木の実を磨すりつぶした磨石《すりいし》と石皿《いしざら》、狩猟に用いた石鏃《せきぞく》。祭祀・儀礼・呪術に用いた土偶や石棒、石冠、御物石器が出土した。糸魚川産の翡翠も出土した。野々市市ふるさと歴史館に、これら御経塚遺跡出土品など考古資料が展示されている。石器時代後半に遠方の翡翠が交易されていたことは驚きである。

昭和五十五年にチカモリ遺跡（西金沢）からクリの巨木を縦に半分に割り円形に並べた環状木柱列が見つかった。チカモリ遺跡は小粒な公園となっており、敷地内にウッドサークルがある。こうした環状木柱列は能登の真脇遺跡でも発見されている。環状木柱列の用途・機能は「儀礼の場」や「特殊な建物」などと推定されている。

能美市には60数基の古墳が点在する能美古墳群があって壮観である。

ここにも高志国の前身時代に繁栄した集落があり、縄文時代後期には地域を治めた王が存在した。その中心に位置する和田山・末寺山古墳群からは武器・武具など大量の副葬品が出土している。同じ能美古墳群の一角にある秋常山1号墳は全長約140メートルの前方後円墳である。

中能登町の雨の宮古墳群にも北陸最大級の前方後方墳のひとつ、雨の宮1号墳がある。これらは三世紀後半から六世紀にかけての建造で、大きな公園として再現され、なかには蘇我馬子の石舞台に酷似した墓、石室が公開されている。能美市は旧能美郡根上町あたりが中心、小松空港から三十分ほど。森喜朗元首相の地盤、また松井秀喜の出身地である。

加賀の野々市市の末松廃寺跡は有力氏族・道君《みちのきみ》が七世紀後半に創ったとされる。法起寺式伽藍配置をしており、屋根瓦の一部は能美市辰口地区（旧・辰口町）で焼かれた。末松廃寺跡は『石川訪古游記』という書物では、水田中の巨大な石（唐戸石）を金沢の東本願寺別院へ移そうとしたところ、地中に深く埋まっていて移動は不可能だったとある。唐戸石は塔心礎にあたり、長径2メートル24センチの巨石。寺城内では和同開珎が発見された。その後の調査で末松廃寺は金堂を西、塔を東に並立させた、法起寺式の伽藍配置だったことがわかった。金堂の規模は東西20メートル弱。南北18メートル40センチ。白鴎時代に建立された北陸最古級の寺院である。仏教が北陸地方に浸透していたことになる。

また平成三十年には瓦塔の一部である女子像が線刻された土製品（瓦塔に高貴な女性の絵）が出土した。鎌倉時代、新たに設けられた守護は加賀国、能登国とも比企氏、北条氏、室町時代に入ると加賀国は斯波氏、冨樫氏、能登国は吉見氏、畠山氏がそれぞれ治めた。

加賀より栄えていた能登

越中伏木の国府に赴任した大伴家持も参詣した気多大社は能登の羽咋《はくい》市、ここに国造が置かれた。気多大社も石川県では知らない者はいないが、古代にここから七尾へ運河が通っていたと初老のタクシーの運転手が言った。郷土史に詳しい人で定年までは繊維産業に勤めていたと言う。ということは日本海側から七尾湾へ交易と流通ルートがあったことになる。いまでは羽咋市も人口三万を割り込み過疎地帯となったが……。

七尾市の能登島にある須曽蝦夷穴古墳はドーム型の墓室を持ち朝鮮半島の古墳にも通じるものとされる。

昭和六十年発行の「石川県の文化財」に拠れば、「須曽集落背後の丘陵中腹（標高約80メートル）に所在し、墳頂からは七尾南湾を隔てて遥かに巴知地溝帯北部を遠望できる。付近には他に有丘墳はなく、孤立墳だといえる。一辺がおよそ25メートル、高さ4・5メートルの方墳だ」。

能登は古志国を三分割後の越前国に含まれていたが、奈良時代の718年に羽咋・能登・鳳至・珠洲の四郡を割いて「能登国」が立てられ、741年に能登国は東向きとなって越中国に併合され、大伴家持が越中国の国司として赴任したことはみてきた。

757年にまたまた越中国から分離し、再び能登国が立てられたという慌ただしい歴史がある。あっちに付いたり離れたりと、中央政府は分割統治を試行錯誤していたのだ。

平安時代初期の823年になって越前国から加賀・江沼二郡を割いて加賀国が立てられた。これで律令制の下で最後の立国となった。

いまでこそ加賀は人口でも産業でも、能登を凌ぐが、平安朝では能登のほうに勢いがあった。そういえば能登には古刹、古い神社が意外に多いことを思い出す。筆者の中学生時代、修学旅行や社会科の見学旅行も目的地は能登方面が多かった。

七尾市にある能登国分寺跡は、能登地方を支配した能登臣《のとのおみ》一族が白鳳時代に建てた寺院を「昇格」させ843年に国分寺としたという。

能登半島にも渤海の使節がたびたび到着した記録は『日本書紀』にもある。現在の七尾市のどこに国府が置かれていたのかは特定されていない。承和十年(843)、能登国司に赴任した春枝王《はるえおう》により大興寺を国分寺に昇格。天平十三年(741)、聖武天皇の国分寺建立詔から一世紀後だった。春枝王は皇族で太政大臣だった高市皇子の玄孫にあたる。統治能力が高かったと評価される貴族だ。

現在はだだっぴろい史跡公園となっているが、大正時代から発掘調査が開始され、昭和49年に寺域南方の建物群跡を含め「能登国分寺跡 附建物群跡」として国の史跡に指定、史跡公園として整備された。園内には南門と塀の一部が復元されているほか、中門、金堂、五重塔、講堂、回廊跡が表示されている。また、出土品や復元模型などを展示する能登国分寺展示館がある。

七尾港は外国の貿易で栄えた重要拠点だった。秀吉時代に頭角を現し江戸初期には狩野派を脅かした天才画家・長谷川等伯は、この七尾の生まれ、畠山氏に仕えた下級武士の子である。

石川県羽咋郡志賀町《しかまち》の福浦港では渤海使が船の修理や宿泊したので、渤海使をもてなす「迎賓館」が建立された。羽咋からバスで50分ほどかかる断崖絶壁に入り組んだ深い入江をもち、嘗ては栄華を極《きわ》めた。ここに渤海使接待のため「能登客院」（迎賓館）があった。その場所は現在のところ、特定されていない。

越中は大境洞窟に新石器時代の遺物

富山県で旧石器時代の遺跡は１４０以上。その大半は三万年前までの後期旧石器時代のものである。

二万二千年前頃までの前半期には東日本に分布するナイフ形石器など夥しい石器群が、後半期には国府型ナイフ形石器と呼ばれる瀬戸内系石器群が出土している。

氷見市の大境洞窟では新石器時代の遺物が発見された。出雲の「加賀の潜戸《くけど》」は有名な観光名所で古代史ファンなら必ずと言ってよいほどに訪れる場所だが、富山県氷見の洞窟はあまり知られていない。この洞窟遺跡は波浪の浸食により形成された自然洞窟で、縄文時代の住宅跡に土器や石器が出土した。弥生時代の人骨もでてきた。

縄文文化と弥生文化の新旧が明らかになったほか、弥生人骨の発見で、弥生期の抜歯の風習や顔面装飾（頭骨に赤い塗料が付着）が出土し、国指定史跡となった。

崇神天皇十年七月、四道将軍のひとり大彦命が高志道を征圧したことになっているが、その後、垂仁天皇二十三年に山辺之大鶙が垂仁天皇の要望に応え、鵠を追いかけて高志国に至ったことは前にも述べた。

景行天皇二十五年七月、武内宿禰が北陸巡察を行った。つまり崇神の将軍派遣で、大和朝に服属することになった古志国は、第十二代景行天皇の御代に勅使の巡察を迎え入れたということを意味する。景行天皇はヤマトタケルの父。『古事記』にヤマトタケルの東征記録が載っているが、常陸から蝦夷を従え、相模から尾張へ帰路を急いだ。北陸道は叛乱の意思がなく、寄り道の必要がなかった。

崇神天皇から景行天皇の御代に高志国は大和朝廷の影響下にあった。成務天皇の御代、伊弥頭国造《いみづのくにのみやつこ》（射水氏の開祖）として大河音足尼《おおかわとのすくね》を任じた。伊弥頭国造は伊弥頭国（現・富山県射水市・氷見市、高岡市と富山市の一部）を統治、『先代旧事本紀』では蘇我氏と同祖であり、武内宿禰の孫・大河音足尼を国造に定めた経緯を嚆矢とすると書かれている。

「射水」という地名は長い歴史を持つ由緒ある名で神通川・庄川の間に広がる射水平野は河川と地下水に恵まれた土地だった。古代人は水の湧出をあらわす言葉「イ」・「ミズ」にちなみ、この地を「イミズ」と呼んだ。「射水郡」という地名は、大伴家持がまとめた『万葉集』に初出する。

『続日本紀』に拠ると、713年に大和朝廷が「畿内（近畿地方）・七道（北陸道を含む地方）諸国・郡・郷の名前を縁起の良い字に改めよ」との命令し、従前、「伊弥頭」・「伊美都」とされた地名表記が「射水」に統一されたという。

高岡市の二上射水神社の祭神は瓊瓊杵尊《ニニギノミコト》。越中国の総鎮守であり、国造氏族・射水氏が守っていた。

第十四代の仲哀天皇元年、越国より仲哀天皇へ白鳥が献上された。この白鳥を蒲見別王が奪う事件が起こり、仲哀天皇は兵を遣わし誅殺した。敏達天皇二年（573）五月、高麗の使者が古志に漂着した。船が破損しており、溺死者が多かったという。翌年五月に再び高麗の使者が漂着し、七月に上京したという記録が残る。

崇峻天皇二年（589）七月に阿倍臣が越国国境を視察する。

皇極天皇元年（642）九月、越国の蝦夷が帰順した。つまり古志のなかでも一番北側の蝦夷だけは大和朝廷に服属していなかったのだ。この場合「国中国」が古志蝦夷だったと想定される。和銅二年（709）三月、またも蝦夷が叛乱を起こしたため征討を行った。

この頃、天竺より僧善無畏三蔵が来朝し、砺波郡安居寺を創建した。『越中旧事記』に「縁起に云、この寺は善無畏三蔵、此所に紫雲立をみて、この寺を発起すとなり。善無畏三蔵は、北天竺の甘露飯王の後胤なり」とある。

同年七月、北陸道の二百戸を出羽柵に配した。そのうえで按察使《あんさつし》を置き、越前国守多治《たじ》比広成《ひのひろなり》に能登、越中、越後を管轄させた。

多治比広成は公卿・漢詩を得意とした中納言。最初、下野守に任ぜられた後、越前守や能登国・越中国・越後国を管轄する按察使など地方官を歴任した。

天平四年（732）、兄の縣守（第9次遣隋使大使）に次いで第10次遣唐使の大使に任ぜられ、難波津から唐に向けて出発し天平六年に帰朝した。『懐風藻』に広成の漢詩が選ばれている。

天平十三年（741）、聖武天皇が国分寺建立の詔を渙発し、「毎レ国造二僧寺一」よう命ずる。現在、高岡市に編入されたが、伏木一宮にその遺構がある。

天平十六年（744）、石川東人を北陸道使に任命した。天平十八年（746）には鎮撫使を置き、北陸山陰両道に巨勢奈弖麻呂《こせのなでまろ》を任じた。

そして越中国国司に大伴家持が任ぜられた。後に大伴家持が中心となり編纂した『万葉集』には、富山県の風景や伝説を詠んだ歌が実に337首も収められた。

大伴家持が、弟の死を悼み、この歌を詠んだ。

「かからむとかねて知りせば越の海の荒磯《ありそ》の波も見せましものを」（巻十七）

家持が諸郡を巡行し、「立山の雪し来らしも延槻《はひつき》の川の渡り瀬鐙《つ》浸かすも」や「雄神川紅にほふ娘子《おとめ》らし葦付採ると瀬に立たすらし」（巻十七）などの歌を作ったことは万葉集からわかった。

海洋航路

つぎに高志国の港湾、海洋航路の現場を見ておこう。

敦賀港は敦賀湾奥の旧笙の川河口周辺が起源。現在の敦賀港は敦賀半島が先端部で大きく南東へ垂れ下がった地形の先にある明神崎と、その延長上に位置し越前海岸側から湾へ突き出ている松ヶ崎を結んだ直線より南西側。

金ヶ崎城跡の高台から綺麗に見渡せる。松原海岸が湾央に美しい浜辺を出現させているが、ここに遣渤海使をもてなした「松原迎賓館」があった。

若狭の小浜《おばま》港は漁港である。北前船の頃は朝鮮からの使節受け入れ港として栄えた時期もあったらしいが、基本的に小さな浜辺、沖縄の小浜《こはま》のほうが規模は大きい。オバマ大統領が誕生したときは、同じ発音であるとして小浜市はお祭り騒ぎになった。

北へ針路を変えて、福井市の北は三国港が拓ける。三国から目と鼻の先が東尋坊だ。現在の坂井市に編入された三国は九頭竜川の河口に開け、大和朝廷の水軍基地の一つだった。『続日本紀』には宝亀九年（778）に渤海使が来着との記録があり、古代の越前の玄関口として機能した。

坂井市の案内に拠れば、「中世には興福寺領坪江下郷《つぼえしも》に属し、室町期には堀江氏や小布施《おぶせ》氏が代官であった。戦国期には朝倉氏、柴田氏が支配し、近世には福井藩領となった。沖ノ口法度《おきのくちはっと》や沖ノ口条目が定められ、口留番所が設置されるなど、福井城下の外港として保護、統制された。西廻海運《にしまわりかいうん》の発達とともに、その中継港、越前の物資の集散地として栄え」た。

江戸時代の「北前船」は、ルートの差異で様々な説があるが、一般的には近江・加賀・越前・能登の廻船問屋が大坂に根拠を置いて、大坂と松前間の貨物の運搬船をいう。

古代の北陸以北の貢物は、海上を敦賀に送り、琵琶湖を渡って京都に入るのが正式のルートだった。加賀藩の米を、富山港から福井の敦賀まで船で運んで行き、そこから陸にあげて琵琶湖を渡り淀川を下って大坂に運んだ。それでは運賃が高くなるので、三代加賀藩主・前田利常が津軽海峡を開港して大坂に運搬した。ついで下関廻りで大坂に廻米した。江戸の商人・河村瑞軒は酒田から下関をまわって大坂を結ぶ西廻り航路を開拓した。

北前船は夏に北海道の昆布、鰊を、酒田では米、紅花などを積み、秋に瀬戸内海に入り、各地で売却し、大坂で一冬越した後、翌年春には米、塩、砂糖、干鰯《ほしか》、木綿、古着、畳表、米、煙草など産物を買い入れて北国へ向かう。晩秋には北国に戻る船もあった。北前船の最大の特徴は、それぞれの寄港地で積荷を売り、新たな仕入れをもする、いわば総合商社だった。全国の名産品が取引されていたのだ。

金石港のほかに石川県の港といえば輪島港、舳倉《へくら》島、七尾、そして金沢港。江戸時代の北前船で有名な銭箭（銭屋）五兵衛は金沢の隣の金石が拠点だった。金沢港はせいぜいが過去半世紀の開発で築港された貿易港であり、縄文から古代の発展はどうしても能登のほうが海路上、有利だった。

七尾港は七尾湾に面し、古くから香島津《かしまつ》の名で天然の良港として知られ栄えた。養老二年（718）、能登国の発足に伴って現在の七尾湾を国津として決め、「香島津」と名付けた。

幕末の文久二年、加賀藩は七尾港に七尾軍艦所を設け軍港とし、明治時代に軍艦所は払い下げられて造船所となった。

富山の港は伏木、富山、魚津、滑川《なめりかわ》だが、とくに魚津は古くから拓けた。蜃気楼でも有名だが、この魚津に「埋没林博物館」があって壮観である。埋没林とは埋もれた林、火山の噴火に伴う火山灰や火砕流、河川の氾濫による土砂の堆積、地すべり、海面上昇などに拠る。

魚津埋没林はおよそ二千年前、片貝川の氾濫によって流れ出た土砂がスギの原生林を埋め、その後、海面が上昇して現在の海面より下になったことによる。森林全体が地下に密閉され、木の株だけでなく種子や花粉、昆虫などが残った。この魚津埋没林は特別天然記念物である。工事中に地中からにょきと出てきたのである。

大宝元年（７０１）から漁業に従事する人たちが定住していて、諏訪大明神を勧請していた（諏訪大社の分霊を奉斎。後に越の大社に改称）。この頃の名称は大道、あるいは魚堵（読みはともに「おど」）。魚津地域は越中国（ほぼ今の富山県域と一致、国府は現在の高岡市伏木）と確定する。

滑川は「ホタルイカ」が有名。近くに縄文遺跡があって古代から拓けていたことが分かっているものの遣渤海使の拠点港ではなかった。

慶雲三年（７０６）に越後国「国府」は直江津に置かれ水門都宇（直江津）の名が初めて文書にでてくる。新潟港が出雲崎、寺泊、直江津、糸魚川を越えての殷賑を極めるようになったのは近世である。現代となると、万景峰号が人と物資を満載して北朝鮮と新潟間を直航していた。北朝鮮側の港湾は東海岸に羅津など日本統治時代には交流を極めた。それほど距離が近い。遣渤海使の時代の古志における情報収集の熱意と現代日本との間には大きな懸隔がある。

第六章　北陸各地の伝承を追って

死者をいかに弔っていたか

新潟駅からローカル線で新津へ。そこで信越線に乗換え古津駅で降りた。駅前の案内板にしたがって縄文・弥生展示館（古津八幡山遺蹟・歴史の広場＝「弥生の丘展示館」）へすぐにたどり着けると思い、すたこら歩き始めた。案内板の大雑把な地図の通りに行くと、山道に迷い込んだ。小さな集落、小川、雑草の背が高く見通しが悪い上に坂道となった。どうやら道を間違えたらしい。原始林のような密林地区に迷い込んでタイムカプセルでいきなり古志の時代に迷い込んだ錯覚にとらわれた。たまたま馬小屋のような家の庭で老婦が薪割り作業、道を尋ねると、「いちど県道へ戻ってインターを目指せば途中に看板があります」と教えてくれた。結局、一時間ほど歩いた。

起伏が緩い丘（標高55メートル）に広場があり、縄文の出土品と弥生時代からの遺跡、竪穴住宅のレプリカに加えて中規模な古墳が緑の中に再現された。古代にこのあたりを治めた有力な豪族の墳墓と見られるが、いったい誰の墓なのかは分からない。古墳には壕がめぐらされ、高みに立つと遠くに新津の町が見渡せる。階段があって古墳の上に登れた。

この古墳は直径が60メートルの円墳で周縁には環濠が掘られ、斜面中程には幅4、5メートルのテラスが造成されていた。およそ1600年前と測定された。地理誌から言えば

６００年前まで目の前は海だった。

古墳から１１００年前の土器が出土した。およそ四百年ほど集落は持続したらしい。盛土の下や周辺では弥生時代の竪穴住居が多数発掘され、そのうちの五棟が復元されている。ただし豪雪被害により内部の観賞は出来なかった。

古津八幡遺跡の廻りには、舟渡遺跡、山脇遺跡、塩辛遺跡、森田遺跡などが発掘されており、夥しい土器が出土した。とくに鹿の角で製作された柄の付いた鉄剣が出現、このあたりに大和朝廷と並ぶほどの強力な豪族がいたのだ。

「原日本人」である縄文人のＤＮＡは明瞭に現代日本人の多くに受け継がれている。私たちの血の中に色濃く縄文人の性格と生活の知恵が残っている。

全国に点在する縄文遺跡のかなりの数をめぐった。コロナ禍で外国へ旅行できなくなったため自然に国内旅行の頻度が加速した。縄文遺跡から祭りの広場、墓所、居住区、工房、ゴミ捨て場、貯蔵庫、物見櫓などが整然と分かれていた。当時から建築設計発想があり、邑《むら》づくりの思想があったことになる。

古代の祭祀はシャーマンが取り仕切った。祭祀場所と器具に絶妙な工夫があった。祭器の一つが翡翠の装身具などだった。

弥生時代からではなく縄文中期にはすでに大きな集落が出来ており、死者を弔う儀式はとくに重視された。原始宗教、アミニズムなどと分類されがちだが、日本は自然信仰であり、古代神道の原型である。

古代人は死者と対話することを忘れなかった。就中《なかんずく》、葬送は集落を挙げての重要な全体の悲しみの表現の場であった。死者を荘厳に弔う儀式は古代人にとって重要だった。

それは副葬品の夥しい出土から明確に理解できるし、文明利器類はナイフ、斧、矛などで狩猟生活のレベルが判定できる。縄文土偶は明らかに祭器であり、儀式とともに破壊された。その後、祭祀の方法が変わり土偶に代わって埴輪が副葬された。埴輪を手掛けた工房の中心は渡来人の土師《はじ》氏だった。

日本の遺跡はこのように展示物が時系列に整備され、パネル説明やジオラマが体系的に整然と並んでいるミュージアムが幾つもある。なかでも長岡市の郊外にある新潟県立歴史博物館や十日町市のそれは圧巻である。縄文の生活ぶりを彷彿とさせる蝋人形の展示もある。

筆者の脳裏には村松剛『死の日本文学史』（新潮社）の次の言葉が蘇った。

「人間は、自分が死ぬということを知っている唯一の動物である。この世の無常、儚さは、人間の基本的な、あたりまえの認識であって、つまりは『一種の動物的状態である』かも知れない。大伴家持は天地の遠き始から、世の中は常無きものと語りついできた、と述べている」

古代から人間は死を知覚していた。だからこそ葬送儀式が尊重され、高貴な人々はもがりのあとに陵墓を造成して土葬した。魂は肉体に戻ると信じていたうえ、怨霊、祟りがあるとしてあちこちに神社を創紀し、また悪霊の仕返しを懼れて幾度も遷都したのだ。

測定器はなくとも地勢を判断できた

縄文時代の集落は段丘にあった。貝塚もそうである。

『古事記』、『日本書紀』に描かれた国造、国府、一宮はなぜ高台にあったか？　若狭、越前、加賀、能登、越中、越後と高志国だった領域の主なる遺跡を歩いてみると共通点があった。

三内丸山遺跡、長者原遺跡、上野原遺跡、馬高、笹山遺跡など縄文時代を代表する集落跡は必ず段丘にある。現代の地形では山深き辺地や森の奥になってしまい、工業団地の造成工事や鉄道、道路の新設工事の際にブルドーザーによって発見される。

江戸時代の菅江真澄の旅行記にはすでに三内丸山あたりから古い土器の出土があったことが書かれている。菅江真澄は十八世紀末から十九世紀にかけて東北各地を旅行し、博覧強記に地元の伝承を調べた民俗学者の魁《さきが》けである。また越後には四十年掛けて地元の風俗を絵で説いた鈴木牧之《すずきぼくし》の『北越雪譜《ほくえつせっぷ》』がある。山東京伝のもとで預かること二十年、ようやく出版されるや大反響を呼び、文庫本にもなって今日まで伝わっている。

東京王子の飛鳥山貝塚では3メートル以上の貝塚の断面が展示されていて圧巻である。千葉県の賀曾利《かそり》貝塚なども緩やかな丘にある。工房跡か加工道具は付近の地質の測定で年代がほぼ特定された。

集落ができて多人数が共同の生活を展開すると、ものごとを決める長がでてくる。現在で言えば村長、もしくは町長ということになる。

中央政府はまだ存在せず、あくまでも決まり事は邑長《ゆうちょう》（むらおさ、村長）の判断であり、シャーマン的要素と医学的な権威が必要になる。集落の連合が出来ると「首長」もしくは「王」が現れ、さらに地域が拡大すれば「大王」の出現をみる。六世紀ごろまで天皇の称号はなく、第二十一代雄略天皇（ワカタケル）は「大王」と称された。埼玉県稲荷山古墳から出土した鉄剣から、雄略天皇の治世が常陸から上野、下野、甲斐に及んでいたことが判然となった。

継体天皇は即位前まで明らかに「越前の大王」だった。

最近、ユニークな建築発想の書籍を次々と発表されている竹内公太郎の『地形と水脈で読み解く！　新しい日本史』（宝島社新書）は次の衝撃的な事実を指摘する。

「東日本大震災の津波では、岩手県の三陸海岸から茨城県のいわき地方の海岸まで、広範囲に人的被害を出している。この海岸沿いの、直線距離にして約400キロメートルの範囲には、縄文時代の貝塚集落が約480カ所確認されている。この貝塚集落の遺跡について、津波被害の有無を確認・検討した結果、驚くことに、どれも東日本大震災の津波の到達範囲よりも高地に位置していて、ほとんど被害に遭っていないことが確認された」

つまり縄文人は津波を避ける土地に集落を構築する智慧があったのだ。竹内によれば、縄文早期の集落は標高15メートル、中期から後期には標高20～24メートル。晩期になって海水準が下降したことに併せ、数メートル低い場所へ移動していることが分かる。

弥生式集落跡となると登呂遺跡、吉野ヶ里など代表的なものは平野部のやや高所にある。吉野ヶ里は二重の環濠があって物見櫓が建つ。明らかに戦争に備えた城砦である。

場所によっては地形の変形が激甚な場所があって、越中の伏木国府跡、越前の二宮（常宮神社）などへ行くと、海岸を見下ろせる高台に位置する。フォッサマグナの余波で、土地が劇的に隆起した結果だろう。

フォッサマグナはラテン語で「大きな溝」を意味する地溝帯である。東西日本をわける溝が糸魚川から静岡へいたる西線と、柴田小出構造線、柏崎・千葉構造線の東線がある。この地溝帯がヌナカワヒメ伝説の沼川の上流に翡翠原石をもたらしたのだ。越後の一宮跡は現在でこそ平地の天津神社・奴奈河神社（糸魚川）だが、当該神社由来によれば、昔の社は山のほうにあって、中世に海岸近くの平野に移転したのだという。

奈良盆地は湖だった

奈良盆地に関して、ヤマト王権は「奈良湖」の埋立と開墾から始めた。この過程で急速に台頭したのが蘇我氏だった。そのうえ渡来人の職能集団を束ねた。継体天皇が越前からやってくると、最初は反対派に与していたが、葛城氏滅亡のあとは継体天皇支持派にまわり、ますます勢力と財力を扶植した。

奈良盆地のまんなかが奈良湖だった。周辺に豪族が分散していた。奈良湖が徐々に干しあがり湿地帯となり、豪族達が競って埋立て開墾した。蘇我氏の勃興は渡来人を駆使しての埋立と開拓の技術で大きな勢力を扶翼できたからだった。

奈良湖の周囲を南西部から時計の反対回りに豪族拠点をたどると葛城、巨勢、羽田、蘇我、阿倍、大伴、物部、和耳《わに》と近畿豪族が守備範囲を分けていたことが明白になる。奈良盆地の南西部（葛城、ナガスネヒコの拠点だった）から南部（飛鳥、神武天皇即位は畝傍山山麓）、そしてヤマト王権から大和朝廷となって歴代、宮を置いた「山辺の道」を板蓋宮、泊瀬宮、藤原京と徐々に北上し、奈良の都へ到った沿革があったことは遷都した土地を地図でなぞると合点がいく。初期のヤマト王権はこれら豪族の連立政権（近畿豪族王権）であり、初代天皇神武は共同王だったのである。

火焔土器で有名なのは長岡の馬高と十日町市で近年は縄文ブームに乗って壮麗かつ近代的な博物館が建てられ、夥しい火焔土器の展示がある。火焔土器は器面に縄文を持たず四つの突起があり、曲線を描く特徴がある。

十日町市に編入された旧松之山町は美肌の温泉「松之山温泉」が有名だが、『松之山町史』によれば「三桶地内にある深田遺跡には、（縄文）中期全般に亘って信濃川系統、東北系統、関東系統、そして北陸系統の各系統の土器群が、交錯しながら出土している。黒倉の十文字遺跡も中期全般にわたりよく出土している。深田遺跡と類似した土器が発見されたほか、竪穴住居跡も検出された」。

いずれの遺跡からも食糧貯蔵倉と竈の跡が見つかり、胡桃や栗が固まって出土するので、貯蔵庫と推定された。

当時は狩猟生活を基軸に植物性の食糧依存度が高かったことが分かる。縄文人は栗を栽培していた。

新谷遺跡（日本海側有数規模の初期定住集落）は夥しい土器の出土で知られる。千納遺跡（植物遺体が良好に残る縄文時代前期の低湿地貝塚）、豊原遺跡（地層に刻まれた二千年間の歴史）、御井戸遺跡などからは木の実、胡桃、ドングリなどの保存食、海産物、とくに貝類の加工など、また石錘、石鏃、石斧のほか、装身具、祭事、呪術の器財が出土した。

巨木レプリカが立つ真脇遺跡とチカモリ遺跡

富山県（越中）も、古代遺跡が多い。古代の交易、交流の跡が見られる。

小杉丸山遺跡は飛鳥時代の工人たちの集落跡とみられ、射水丘陵にあって飛鳥時代の瓦などが出土した。飛鳥の後期、崇神天皇の四道将軍派遣のあとに拓けたと推測される。この射水氏は古代の豪族で、越中の西側を抑えていたため現在も地名として残る。富山市に隣接し新湊がある。北前船で栄えた港町の名残、東西3・5キロにおよぶ運河のような水路は、「東洋のベニス」ともよばれ、映画のロケ地として有名である。

水上谷遺跡も射水丘陵で発見された縄文時代の集落跡だ。多数の竪穴住居跡と縄文土器や石器などが出土したほか、住居跡が16棟。土器は深鉢も含まれ、石器には磨製石斧、石錘、石皿が夥しいが、打製石斧や石鏃が少なかった。じょうべのま遺跡は奈良時代で、高志国が大和朝廷に編入された後の遺跡。入善市にある。

高瀬遺跡は平安期のもの。牛滑《うしなめり》遺跡は砺波市にあって高山本線八尾駅が徒歩ハイキングの出発点だろうか。小学生の遠足コースとなっている。富山市婦中町牛滑字天城。山田川左岸の河岸段丘に位置する。縄文時代中期の住居が3棟と多数の土器、石器が出土した。とくに土器は「牛滑式」が設定され、注目された。これらの出土品展示ならびパネルは富山市の「北抜縄文館」でみることが出来る。

石川県（加賀と能登）の古代遺跡でもっとも有名なのは能都町にある真脇遺跡と加賀は西金沢のチカモリ遺跡である。

ともに巨木のレプリカが立っている。それぞれ公園に隣接した資料館もある。巨木を基礎として建物が造られたことが想像できる。また巨木を神木としての原始的宗教の祭事場でもあった。雨宮古墳群は四世紀の遺跡で七尾線能登部駅から歩いていける。

北陸最大級の縄文遺跡は先述の真脇遺跡だ。南は、富山湾に臨み、三方を丘陵に囲まれた小さな入り江の奥の沖積平野に位置している。能登町字真脇。鉄道とバスを乗り継いで行くためアクセスが悪い。この遺跡の出土品に土師器《はじ》があった。土師の存在は平安時代末期の古文書にも出ているが、地層を深掘りした結果、縄文時代の地層が発見されたのだ。

能都町のHPによると「真脇遺跡はいくつかの点で非常に特徴的な遺跡です。遺跡からは通常は残りにくい木製品や、動物の骨、植物の種子などが非常に良好な状態で出土しました。とくに前期末葉から中期初頭にかけての地層から出土した大量のイルカの骨は、縄文時代の人々の食生活を明らかにする大きなヒントとなっています。そして縄文時代前期初頭から晩期終末のものまで途切れることなく遺物・遺構が出土していることから、およ

チカモリ遺跡の巨木ウッズサークルのレプリカ（金沢市新保本町）

そ四千年もの間、この地で人々が継続的に生活していたということが窺えます。このような遺跡は全国的にも非常にまれです」。

重要なポイントがさらりと述べられているが、イルカの大群の骨！　そして四千年も続いたという奇跡！　青森県の三内丸山遺跡が続いたのは千五百年だからこの異様な長さは特筆しておきたい。

ＨＰの続きを読む。

「発見された遺構や遺物の中には他の遺跡では見つかっていない特殊なものがたくさんあります。墓穴の中に板を敷いてから遺体を埋葬した『板敷き土壙墓』や、まったく同じ場所で六回も炉を作りかえていた『貼床住居址』は真脇遺跡以外にはまったく類例がありません。その他、クリの丸太を半分に割り円形に並べて立てられた『環状木柱列』は石川県金沢市のチカモリ遺跡や富山県小矢部市の桜町遺跡などからも見つかっていますが、北陸独特のものであり、真脇遺跡で見つかったものも非常に重要なものです。

イルカ骨と一緒に出土したトーテムポールのような木柱が、イルカ漁に関する儀式に用いられた可能性が考えられるとして注目されています。また『おさかな土器』の愛称で親しまれている真脇式土器は、真脇遺跡の調査で初めて全形がわかった土器です。北陸独特の土器ですが、同時期に似た土器が関東や、遠くは秋田県のあたりまで出土しており、縄文人の交流の様子をうかがわせてくれます」と説明されている。

福井県（越前と若狭）にも古代から拓けた遺跡は山のようにあるが、代表的な縄文遺跡は鳥浜貝塚。若狭の三方上中郡若狭町にあり、縄文草創期から前期の集落遺跡。保存良好な木製遺物等一千点あまりが国の重要文化財に指定されている。若狭町の若狭三方縄文博物館に遺物が展示されている。

隣接する「ユリ遺跡」は縄文早期から晩期にかけての低湿地遺跡。とくに注目されたのが丸木舟で、これらは若狭三方縄文博物館に展示されている。ユリ遺跡出土丸木舟は、小形で両端の尖る鰹節形のタイプが多い。作り方は浅く、せいぜいが川か、古三方湖での漁撈につかわれた。ほかに付近には市港遺跡、北寺遺跡、藤井遺跡、田名遺跡などが一帯に集中しており、低湿地帯が特徴と言える。

古い神社から浮かび上がる高志国の実像

高志国を構成した、その土地土地の伝承と、由来がある有名な神社をピックアップしてみよう。なぜなら神社の由来こそ当該地の伝承の固まりだからだ。

神社の社は「いやしろ」である。癒しの原点であり聖域であって精神の休まる場所、健やかに元気を取り戻す場、つまり日本人の心の故郷である。

新潟県でもっとも人出が多いのは弥彦神社である。この神社の主神は天香具命。社伝では高倉下の父親はニニギノミコトで、神武天皇によって越の平定を命じられたとする。しかしアマノカグヤマノミコトの父親はニニギではなくニギハヤヒ（饒速日命）である。ニギハヤヒが越後を代表する神社の祭神だというのは驚き以外のなにものでもない。磐船柵のおかれた村上市の磐船神社の祭神もニギハヤヒである。

ニギハヤヒの天孫降臨にしたがってきたのが物部氏のご先祖とされるが、それなら物部神社はどれくらいあるかといえば全国に十八社。それも新潟県に多い。柏崎市に三つの物部神社があり、上越市と佐渡市にもあって合計五つ。富山県に一つ、山梨県に二つ、岐阜県に三つである。

これら物部神社のなかで、ニギハヤヒが祭神のところは二社しかない。その子ウマシマジが祭神の神社は九社である。しかし神武天皇に歯向かったナガスネヒコの子にして、やがて降伏したウマシマジが何故？

この謎は物部氏の総本山、石上神宮《いそのかみじんぐう》へ行って分かった。

石上神宮は奈良県天理市の山側にある。昭和初期には五百万信者を誇った天理教の宗教都市を横切り、30分ほど歩くと布留山（標高２６６メートル）の北西山麓高台にある。大きな鳥居をくぐり万葉歌碑を左に観ながら境内を進むと、大きな雄鳥が放し飼いされた池の前庭、その奥を辿ると山辺の道である。主神は神武天皇の平定に武功あった布都御魂大神《ふつのみたまのおおかみ》、鎮魂の主体となった布留御魂大神《ふるのみたまおのおおかみ》、そしてスサノオが八岐大蛇を退治した剣（『古事記』では十拳剣）とされる布都斯魂大神《ふつしみたまのおおかみ》で、総じて武門の棟梁だった物部氏が総氏神である。

境内は神々しい雰囲気に満ちて自然信仰の聖域。開闢は崇神天皇七年とされる。配祀神のひとつが、神武天皇に降伏したウマシマジ（宇魔志麻治命）、ナガスネヒコの女婿で、ニギハヤヒの息子とされる。この石上神社の宝物殿に国宝の七支刀《ひちしとう》などが納められている。というのも『古事記』に「（大帯日子於斯呂和気命＝景行天皇は）天下治らしめき（中略）。横刀一千口を作らしめ、これを石上神宮に納め奉り」（岩波文庫版、119頁）とある。あきらかに武器庫である。

整理しておくと神武天皇の上陸を阻んだナガスネヒコは、さきに大和を治めていたニギハヤヒ系葛城王朝の王であり、しかもナガスネヒコはニギハヤヒの娘を娶っており、その子が後に神武天皇に降伏するウマシマジだ。このウマシマジが祭神の神社は全国に60社、ニギハヤヒはおよそ200社に及ぶのである。

なるほどニギハヤヒがニニギノミコトと兄弟であり、ニニギより先に天孫降臨をされていた経緯の裏付けとなるのだが、これもまた北陸にまで大和朝廷史観が及んでいることを表している。

そこで弥彦神社へ改めて行くことにした。

過去にも三回ほど参拝しているが、団体バス旅行だったので、具体的な地理感覚がなく、いざ列車を乗り継ぐとなると、じつに不便な場所にあるという実感があった。維新後の明治近代化は鉄道敷設の大プロジェクトを伴ったが、戦争に備えて中仙道ルートを先にしたように地域によっては旧城下町や海からも繁華街からも遠い場所に置いた。軍事的発想が設計思想の基本にあったからだ。たとえば宇佐、砂土原、熊本などの市の中心は駅から遠い。金沢も今でこそ駅前も駅裏も繁華街となったが、筆者が子供の頃、駅といえば辺鄙な場所という感覚、実際に遠かった。乗換駅で弥彦行きは二時間に一本ほど。時刻表とにらめっこになる。

歴史上、悪の権化のように言われる蘇我一族を祀る神社は何処に幾つあるのか。

調べてみると、全国にただ一つ。蘇我入鹿を祀るのは橿原市の入鹿神社で、廃寺となった真言宗高野山派仏起山普賢寺の東南部の丘に建つ小さな祠、神主もいない。しかも祭神は素盞鳴尊《すさのおのみこと》と蘇我入鹿の両柱を合祀している。近くの曽我町（蘇我）には蘇我馬子が創建した宗我都比古神社があり蘇我氏の始祖を祀っている。『日本書紀』に基づいた「蘇我氏逆臣説」の所為である。しかし地元では「蘇我入鹿公」と呼ばれている。

近鉄八木駅から近い宗我都比古神社は推古天皇の御代に蘇我馬子が武内宿禰と石川宿禰を祀る神殿を蘇我村に創建したと伝えられる。社伝によれば持統天皇の御代に、蘇我氏の滅亡をあわれみ、蘇我氏傍流の石川氏に祖神を祀るための土地を与えたとされる。『大和志』によれば、近世では「入鹿宮」と称されていたらしい。

また土佐に「蘇我神社・八幡宮」があるが、これはたぶん、蘇我一族を祀ると想定されているだけである。千葉市にある蘇我比咩神社《そがひめじんじゃ》は蘇我比咩大神と千代春稲荷大神を主祭神とし、天照皇大神・春日神（経津主神・武甕槌神・天児屋根神・天児屋根比売神）・八幡神（応神天皇・比咩大神・神功皇后）を配祀する。つまり祭神は蘇我一族だけではない。

高志国の領域から南下して信濃の諏訪へ行くと、諏訪神社四社（茅野に本宮と前宮、下諏訪に秋社、春社）はオオクニヌシノミコトの子タケミナカタが祭神である。

ところが長野市の北に位置する古社の戸隠神社中社は天の岩戸をこじ開けたアメノヤゴコロオモイカネノミコト、アメノウワハルノミコト、アメノウズメ、そしてタカミムスビの神である。いずれも神代の、それもヤマト王権と共通する古い神々が祀られているのである。

越後の主神はオオクニヌシノミコト

新潟市役所の裏手に拡がるのは宏大な境内をほこる白山神社。主神は菊理媛《くくりひめ》。一説にイザナギ・イサナミが夫婦喧嘩をしたときに仲を取り持ったとか、この女神は全国に普遍的ではない、北陸独自の女神である。ここにも大和王朝史観にまつろわない神社がある。

越後の主要な神社はオオクニヌシノミコトか、ヌナカワヒメ、そして二人の子のタケミナカタである点に留意する必要がある。スサノオも天照大神も神武天皇も主神ではない。古代よりの信仰の場にヤマト王権なにするものぞという意固地を感じないか。

富山の越中一宮は高瀬神社。南砺市にあって主神はやはりオオクニヌシノミコトだ。大己貴命（大国主神の別名）が古志と同盟を結び、出雲へ戻る際に自身の御魂を鎮め置いた故事に由来すると伝承され、また創建は第十二代・景行天皇の御代と伝えられる。「高瀬神」の名で度々六国史に登場し、神階の陞叙《しょうじょ》を受けている。

富山、射水、魚津にある小彦名《すくなびこ》神社、じつは関西は大阪にも、四国は大洲《おおづ》、岡山の津山にもある。大阪では薬の神様、ほかの地域ではお酒の神様とも言われる。

『古事記』では少名毘古那神、『日本書紀』では少彦名命《すくなひこなのみこと》、『先代旧事本紀』では天少彦根命《あまのすくなひこねのみこと》、『出雲国風土記』では須久奈比古命、『播磨国風土記』では小比古尼命《すくなひこねのみこと》と頻繁にでてくる。

『古事記』では神産巣日神《かみむすびのかみ》の子、『日本書紀』では高皇産霊神《たかみむすびのかみ》の子だというが、要するにオオクニヌシノミコトにしたがって国作りに協力した。山陰や四国、北陸などの地方伝承である。

富山市内で最大の参拝を集めるのが日枝神社は別称「富山山王さん」。やはりオオクニヌシノミコト（大己貴命）が主神で天照大御神・豊受大御神を祀る。ただし天照大神を祀りだしたのは明治六年からとされる。

石川県は加賀、能登に別れて江戸時代は前田家が富山の西側も治め、百万石を誇っていた。能登一宮は羽咋の気多大社。やはり主神はオオクニヌシノミコトである。この古社へは越中国府に赴任した大伴家持が巡幸し、昭和天皇の御幸もあった。荘厳な御社、金沢市民も正月にはわざわざ能登の一宮に参拝に行くほどである。

ならば加賀の一宮は何処かと言えば、白山の麓にある白山比咩神社で、主神は「白山比咩大神（＝菊理媛尊）」なのである。越後の神社と同じ神、いやこちらのほうが本家だ。白山神社へは金沢市の南東、野町からローカルな電車でコトコトと時間がかかるが、マイカー時代、意外に参拝客が多いのには驚かされる。

白山比咩神社の縁起によれば、

「伊弉冉尊が火の神を出産した時のやけどで亡くなってしまうと、悲しんだ伊弉諾尊は死の国である『黄泉の国』へ妻を迎えにいきます。ところが醜く変わった妻の姿を見て伊弉諾尊は逃げ出してしまい、怒った伊弉冉尊は夫の後を追います。黄泉の国との境界で対峙するふたりの前に登場するのが菊理媛尊で伊弉諾尊・伊弉冉尊二神の仲裁をし、その後、天照大御神《あまてらすおおみかみ》や月読尊《つくよみのみこと》、須佐之男尊《すさのおのみこと》が生れます」と説明されている。

したがって白山比咩神社では、菊理媛尊とともに伊弉諾尊・伊弉冉尊も祭神として祀られており、菊理媛の「くくり」は「括る」にもつながり、「縁結びの神」として参拝が絶えないこととなった。

福井県へ行くと、オオクニヌシノミコトは主神の座を降りる。継体天皇が育った場所柄である。大和朝廷史観では高志国をスルーし出雲を過小評価するためだろう。

要するに継体天皇一色なのである。

越前一宮は気比神社、常宮神社（どちらも敦賀市）は仲哀天皇、神功皇后、応神天皇が主神である。敦賀市内の剣神社は応神天皇を祀る。敦賀は継体天皇の五代前、応神天皇が禊ぎにきたことで知られ、また神功皇后の三韓征伐は、この敦賀から出港したとされる。

若狭一宮は『古事記』成立以後の養老五年（721）に創建されたという。上社を「若狭彦神社」、下社を「若狭姫神社」と呼ぶ。若狭姫神社の祭神は豊玉姫命

（わたつみの子、ウガヤフキアエズの母＝つまり神武天皇の祖母）で海上安全、海幸大漁の守護神である。

福井市内の神社は足羽神社、春日神社などがある。やはり越前は仲哀天皇、神功皇后、応神天皇をまつる本丸であり、なるほどその五代孫にあたる継体天皇が尊敬を集めるのは当然なのである。

ことほど左様に各地の神社を総攬しただけでも意外な事実が判明した。古志が地名や学校名、文学館などに名前をとどめるのは古代からの人々の情念の結晶だといえる。

古志国は繁栄した先進地域だったのだ

高志から伯耆、出雲は、ヤマト王権の近畿、河内より文明先進地域だった。

渡部昇一『神話の時代から』（ワック）に拠れば、「百済や朝鮮南部に住み着いた民族も南方系で、九州に来た民族も同じであろうと考えられる。これは、シナの古文献で朝鮮半島南部も日本の島も同じく『倭《わ》』と言っているのと符合する。南朝鮮には単に任那《みまな》があっただけでなく、百済も日本民族とは兄弟分にあたる同族であり、少なくとも同一文化を持っていたと推定できる」という。

この意味は縄文人が九州南部と朝鮮半島南部にほぼ同時に上陸し住み着いた、南方系の海洋民族であったということだ。そして半島から陸続と日本に渡来し、帰化した。

継体天皇の頃、日本の人口はおよそ２００万人と推定される。鹿島平和研究所の人口推測調査（２０１３年11月28日）という研究レポートでは西暦８００年（平安朝初期）の推定人口を551万人としており、そのグラフから筆者が推計した数字である。となると帰化人・渡来人は、大川周明説（本文146頁）に従うと1万8000名もいた。ということは現在の日本の人口に換算する110万人強になって、ちょうど在日中国人の数（不法滞在、留学生を含む）と合致する。しかし現代は飛行機が飛びかっているが、当時の運搬手段といえば粗末な舟、悪天候なら難破したから命がけだった。いかにかれらが圧政を忌避し、別天地を求めて必死となって日本に亡命したかが了解できる。この渡来人たちが引きおこした問題は古代から現代に到るまで本質的な変化はない。

日本中いたるところに遺跡、古墳、貝塚があり、そして随処に神社がある。日常の風景に溶け込み、生活に親しみ、改めて気にすることも少なくなったが、神社における自然信仰がAIロボット時代の現代にも継続されていることは意味が深いのである。

「古来より文化遺跡のことごとくが墓と神殿によってみたされている（ネアンデルタール人は、すでに墓地をつくっていた）。（中略）エジプトのウルの神殿、陵墓については改めていうまでもない。神殿や巨大な墓の群は、永遠への、つまりは死を超えた彼方への古人の強烈な夢を、歳月の風雪に耐えて今日に伝えている。一時代の文化の美しさとは、結局

のところその夢の光芒の輝きではないのか」（村松剛『死の日本文学史』、新潮社）

筆者はイースター島のモアイ像を見に行った体験がある。神秘的な巨大石像の下が墓場である。弥生時代の天皇と豪族が競いあって造成した古墳は、栄光と希望を託した大きな墓である。御陵は天皇、皇族そして有力な豪族の巨大な陵墓である。

ジャワ原人の博物館をインドネシアのジョグジャカルタに宿を取って一日がかりで見学に行った。ここのミュージアムもたいそう立派な建物である。

ジャワ原人はまさに日本の縄文前期の狩猟人と同じように狩猟生活を送り、火を焚き、食糧を煮たり焼いたりして暮らした。うまく食材を混ざ合わせた配合、こんにちでいうレシピを知っていた。誰に教わったわけでもないのに栄養学の初歩を掌握していたことは、ジャワ原人博物館の展示内容やパネルからも推察できた。この一部が海を渡って日本へ渡来した南蛮系縄文人である。当時はボルネオ島と陸づたいだった。

日本にはまだまだ眠っている遺跡がある。

とくに古志の実態を画期的に証明する遺跡が近い将来発見されると信じている。この小冊では、現時点までに明らかになった文献や遺跡の資料などから古志国の全貌をみてきたが、古代以前の人口移動、縄文人らの移住生活を勘案すると、古志国の考察は今後、もっと幅が拡がるであろう。

古志国に関しての年表

縄文時代	洞窟住居、狩猟用器具、土器が発展し、古志のあちこちに村が形成
	共同体の大型化、定住化は古志一帯の遺跡から判明
	越後の長者原、古津、能登の真脇、加賀のチカモリ、若狭の三方遺跡
	馬高遺跡の火焔土器、村上市上山遺跡の巻貝形土製品
弥生時代	縄文文化の基盤に東海系、稲作の本格化で環濠集落と墳墓の出現
	オオクニヌシノミコトのヌナカワヒメ求婚伝説が発祥
	諏訪にタケミナカタ伝説。諏訪神社は越後にも多い
	出雲・古志・信濃の豪族連合的な政治同盟が形成された
紀元前1世紀年頃	神武天皇、橿原で即位。古志から見れば「近畿豪族政権」（ヤマト王権）
紀元前88年頃（推定）	崇神天皇が四道将軍派遣。大彦命が北陸道へ。別働隊と会津で合流
古墳時代	巨大な首長の墳墓群が古志にも出現。武器の発達。国造が設営された
	古志の域内でもあちこちに古墳が造営されたが、越前に大規模墳墓
景行天皇（西暦71年頃即位？）	ヤマトタケル、東征帰路に部下に古志視察を命じた
継体元年（507）	古志の越前の大王、オホドが迎えられて第二十六代継体天皇となる

	古事記にある地元神との名前の交換とは、大和朝廷と古志の政治同盟を象徴した寓話
欽明五年（544）	粛慎人が佐渡にも出現（東北から北海道にかけて居住していた）
欽明天皇三十二年（571）	初めて高麗使が古志に漂着
敏達天皇二年（573）	高句麗使、舟破損して漂着
崇峻二年（589）	阿倍臣が北陸道の古志国境を巡察
皇極元年（642）	蝦夷数千人が大和朝廷に帰順
大化元年（645）	乙巳の変。蘇我入鹿暗殺。蘇我蝦夷自害。蘇我家滅亡
大化三年（647）	淳足柵（新潟市東部）
	翌年、越後村上に磐舟柵（長岡八幡林遺跡から出土した木簡から確定）
大化四年（648）	都岐沙羅柵などを造営
斉明四年（658）	阿倍比羅夫が百八十隻の水軍を率い秋田から能代《のしろ》攻め。
	『火の鳥』のモデル阿倍比羅夫は孝元天皇の皇子大彦命の子孫：阿倍臣が祖先とされ 阿倍比羅夫の孫が阿倍仲麻呂とする説あり。
天智7年（668）	古志国が大和朝廷に石油とアスファルトを献上
天武十一年（682）	古志国は越前、越中、越後に分国される
文武二年（698）	磐舟柵（新潟県村上市）の修理、佐渡にも工事参加を命令

大宝二年（702）	越中の四郡（加賀）を越前に移管
慶雲二年（705）	偉奈真人大村が越後城司、翌年に越後守となる。後継は阿倍朝臣真君 陸奥で蝦夷が反乱。朝廷は越後を「北彊にして蚊慮と衝接す」と表現
和銅元年（708）	出羽郡が建置される
和銅二年（709）	佐伯宿彌石湯を征越後蝦夷将軍。巨勢朝臣麻呂を陸奥鎮東将軍に任命 越後人は兵站ならびに荷駄隊を担い、多くの負担に耐えた。都に凱旋
養老二年（718）	能登が越中国から分国。古志領域の蝦夷はおおかたが大和朝廷に服属
神亀元年（724）	牡鹿柵を攻撃対象の蝦夷反乱。佐伯児屋麻呂が殺害さる。多賀城建設
神亀四年（727）	渤海国使が蝦夷地境（出羽）に漂着（高仁義ら24名、16名は殺害）
天平五年（733）	出羽柵を秋田高清水岡に移管。多数の移民が流入。秋田城柵となる
天平九年（737）	出羽と多賀城を結ぶ直線道路計画（大納言だった藤原仲麻呂が主導）。雄勝城（庄内地方）造営に着手
天平十三年（741）	佐渡を越後に移管。この前後から渤海国使節の漂着が目立つ
天平十八年（746）	大伴家持が「越中守」として伏木国府に赴任
天平宝字元年（757）	蝦夷の1690名が大和朝廷に服属
天平宝字三年（759）	雄勝城が完成

天平宝字八年（７６４）	道鏡と対立した藤原仲麻呂（恵美押勝）が反乱を企てる。だが仲麻呂の乱は失敗、逃亡途中、琵琶湖で殺された
宝亀元年（７７０）	蝦夷の大和朝廷側だった陸奥の宇漢米宇屈波宇が離反。北部で蜂起
宝亀五年（７７４）	陸奥の蝦夷討伐に大伴駿河麻呂が任命。３８年戦争が勃発
宝亀十一年（７８０）	調停側だった伊治呰麻呂が反乱を起こし、出羽や秋田からも動員
天応元年（７８１）	即位した桓武天皇は本格的な蝦夷討伐を宣言。酒田に城輪柵
延暦二十年（８０１）	払田柵（秋田県大仙市）
延暦二十一年（８０２）	胆沢城柵（奥州市）
延暦二十二年（８０３）	志波城柵（盛岡）
延暦二十三年（８０４）	渤海使、能登福良に着岸。能登客院で歓迎宴
弘仁二年（８１１）	十数万規模の戦闘となった３８年戦争が終結。翌年、徳旦城柵
弘仁十四年（８２３）	越前から加賀が分国
天長十年（８３３）	伊夜比古神（弥彦神社の主神）が天災から人々を救済（『続日本後紀』） 弥彦（やひこ）は「いやひこ」（別名＝天香具神）。

著者プロフィール

宮崎正弘（みやざき まさひろ）

昭和21（1946）年、金沢市生まれ。早稲田大学英文科中退。『日本学生新聞』編集長などを経て「もうひとつの資源戦争」（講談社）で論壇へ。以後、作家、評論家。神話・古代史でも現地踏査を重視した作品が多く、『こう読み直せ！ 日本の歴史』（ワック）、『一万年の平和、日本の代償』『歩いてみて解けた古事記の謎』『神武天皇以前 縄文中期に天皇制の原型が誕生した』（以上、育鵬社）、『明智光秀　五百年の孤独』（徳間書店）など多数。また国際政治、経済や中国問題に詳しい。

編集／小林大作、下尾茜子
ＤＴＰ／株式会社ユニオンワークス
装丁／GOAT

宝島社新書

葬られた古代王朝
高志国と継体天皇の謎
(ほうむられたこだいおうちょう
こうしこくとけいたいてんのうのなぞ)

2021年11月24日　第1刷発行
2022年1月31日　第2刷発行

著　者　宮崎正弘
発行人　蓮見清一
発行所　株式会社　宝島社
〒102-8388 東京都千代田区一番町25番地
電話：営業　03(3234)4621
　　　編集　03(3239)0927
https://tkj.jp
印刷・製本：中央精版印刷株式会社

Printed in Japan
ISBN 978-4-299-02219-6